개정
3판

OK!
비즈니스
중국어

 다락원

들어가는 말

『개정3판 OK! 비즈니스 중국어』는 베이징대학출판사에서 편찬한 『基础实用商务汉语(第三版)』의 한국어판입니다.

개정3판은 전반적으로 회화와 독해의 내용을 새롭게 다듬었습니다. 기존의 교재와 제목은 동일하지만 회화 본문이 전면 교체된 과도 있으며, 중국 경제 발전의 현실을 반영해 새롭게 내용을 추가한 과도 있습니다. 이는 본문의 주제와 내용이 실제 비즈니스에서 일어날 수 있는 장면들과 잘 맞아떨어져 교재의 실용성을 높일 수 있도록 하기 위함입니다. 연습 문제 역시 수정된 본문과 추가 문형을 반영하여 대폭 보강하였습니다. 교재의 마지막에서는 매 과에서 학습한 회화 내용을 단문으로 담았고, 빠른 복습으로 독해와 듣기 두 가지 영역의 실력 향상을 꾀할 수 있습니다.

이 책은 이미 중국어에 대한 기초가 어느 정도 갖추어진 학습자를 대상으로 하며, 비즈니스 활동에 필요한 언어와 사회, 문화, 경제 지식 향상에 초점을 두고 집필되었습니다. 각 과는 한 국가의 무역실무단이 중국을 방문하는 상황을 토대로 한 다양한 주제의 회화와 그 주제와 연관성이 있는 독해, 꼭 알아야 할 핵심 문형, 배운 내용을 반복 학습할 수 있는 연습 문제, 실무에 유용한 자료들을 담은 비즈니스 PLUS로 구성됩니다.

중국 기업과의 성공적인 비즈니스 협상과 업무 협조를 위해서는 중국의 문화와 중국인의 사고방식, 역사에 대한 이해는 필수입니다. 본 교재의 풍부하고 알찬 내용이 성공적인 비즈니스 전략을 수립하는 데 많은 도움이 되길 바랍니다.

다락원 중국어출판부

차례

이 책의 구성

『개정3판 OK! 비즈니스 중국어』는 비즈니스 관련 어휘와 주요 문형, 표현 학습에서 더 나아가 중국인과의 비즈니스에서 필요한 사회, 문화적 배경지식을 함께 전달함으로써 비즈니스에 필요한 언어교제능력을 향상시킬 수 있도록 구성되었습니다. 각 과의 세부적인 구성은 다음과 같습니다.

이 과의 상황 Check!

해당 과에서 배울 내용의 배경이 되는 상황을 간략하게 소개해 두었습니다. 전반적으로 어떤 상황에서 해당 대화를 주고받을 수 있는지 가볍게 파악할 수 있습니다.

비즈니스 회화

실제 접할 수 있는 비즈니스 상황을 담은 회화로 이루어져 있으며, 1~16과의 회화문은 모두 하나의 줄거리로 연결되어 있습니다. 주로 구어체로 이루어져 있습니다.

단어

'이 과의 상황 CHECK!'와 '비즈니스 회화'에 나온 실용성 높은 어휘들이 정리되어 있습니다.

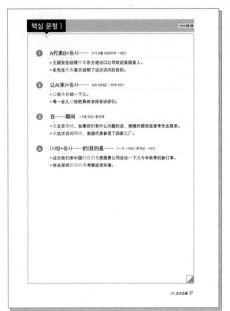

핵심 문형 1

비즈니스 회화 ①, ②에 나온 중요한
문형이 예문과 함께 실려 있습니다.
예문의 해석은 부록을 참고하세요.

비즈니스 독해

중국인의 사상과 행동양식, 교제 습관, 중국의 경제·법규 등
의 사회·문화적 배경지식을 보충할 수 있는 짧은 글입니다.
각 과의 대화를 이해하는 데 도움이 될 수 있는 내용을 소개
하며, 주로 문어체로 이루어져 있습니다.

비즈니스 NOTE

추가로 알아두면 좋은 정보를
가볍게 정리했습니다.

핵심 문형 2

비즈니스 독해에 나온 중요한 문형이
예문과 함께 실려 있습니다. 예문의
해석은 부록을 참고하세요.

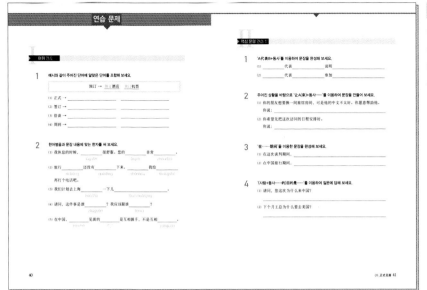

'어휘 연습', '핵심 문형 활용 연습', '독해와 작문 연습' 등 다양한 형식의 연습 문제가 풍부하게 제공됩니다.

비지니스 **＋**PLUS

실무에서 접할 수 있는 각종 비즈니스 서식·문서·표 등이 참고자료로 제공됩니다.

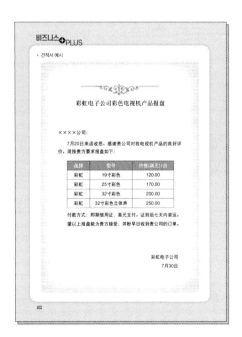

MP3 다운로드

● 녹음 해당 부분에 MP3 트랙 번호가 기재되어 있습니다. TRACK **12-02**

● 교재의 MP3 음원은 '다락원 홈페이지(www.darakwon.co.kr)'를 통해서 무료로 다운로드 받을 수 있습니다.

● 스마트폰으로 QR코드를 스캔하면 MP3 다운로드 및 실시간 재생 가능한 페이지로 바로 연결됩니다.

매 과에는 미국국제무역회사의 대표들이 중국에 와서 동방수출입회사와 사업하는 일련의 과정이 대화 형식으로 담겨 있습니다. 주요 등장 인물은 다음과 같습니다.

미국 측

✕ **史强生** Shǐ Qiángshēng
스챵셩(영문 이름 Johnson Smith)
미국국제무역회사 아시아 지역 총재

✕ **白林** Bái Lín
바이린
미국국제무역회사 아시아 지역 총재 史强生의 비서

중국 측

✕ **王国安** Wáng Guó'ān
왕궈안
중국동방수출입회사 사장

✕ **李信文** Lǐ Xìnwén
리신원
중국동방수출입회사 부사장

✕ **张红** Zhāng Hóng
장훙
중국동방수출입회사 공공관계부서 주임

이 책의 표기 규칙

1 중국의 지명이나 건물, 기관, 관광 명소의 명칭 등은 중국어 발음을 한국어로 표기하는 것을 원칙으로 하였습니다. 단, 우리에게 널리 알려진 고유명사는 한국어로 그 발음을 표기하였습니다.
예 **北京** 베이징　　**长城** 만리장성

2 인명은 각 나라에서 실제 사용하는 발음을 기준으로 하여 한국어로 표기하였습니다.
예 **史强生** 스챵셩　　**王国安** 왕궈안

01

到达中国

중국에 도착해서

이 과의 **상황 check!**

TRACK **01-01**

史强生先生和白琳小姐是美国国际贸易公司的代表。这次他们来中国做生意。史先生过去在台湾工作过两年。白小姐去年来过北京，跟东方进出口公司的李先生认识。史先生和白小姐说中文说得都很好。

史强生과 白琳은 미국국제무역회사의 대표이다. 이번에 그들은 사업차 중국에 왔다. 史强生은 과거에 타이완에서 2년간 일한 적 있으며, 白琳은 작년에 베이징에 와서 동방수출입회사의 李 선생과 알게 되었다. 史强生과 白琳은 모두 중국어를 잘한다.

1 入境 _ 입국

▶ **在海关** _ 세관에서

海关官员　您好！您是来旅行的吗？

史强生　　不，我是来做生意的。这是我的护照和入境登记卡。

海关官员　这两件行李都是您的吗？请打开这个箱子。

史强生　　好的，没问题。

海关官员　这些是什么？

史强生　　这些是产品广告和货样，这一件是礼物。这些东西要交税吗？

海关官员　没有商业价值的广告和货样可以免税。超过两千元的礼物需要交
　　　　　税，您的没问题！不过，您还是需要填一张申报单。

白琳　　　哦，这是我们的海关申报单，我的护照和入境登记卡。

海关官员　那是什么？

白琳　　　那是我的好朋友！

海关官员　好朋友？

白琳　　　（笑）是呀，那是我的电脑。我们总是在一起，是最好的朋友！

海关官员　（笑）你的中文真不错！

白琳　　　哪里哪里！

▶ **在机场出口** _ 공항 출구에서

白琳　看，那是李先生！（招手……）李先生，好久不见了，你好！

李信文　你好，你好！白小姐，我们又见面了！欢迎，欢迎！

白琳　我来介绍一下儿。这位就是东方公司的副总经理李先生。这位是我的老板，Mr.Smith。

史强生　您好！我是Johnson Smith，我的中文名字叫史强生。

李信文　您好！我叫李信文，欢迎您来中国！

史强生　谢谢！白琳常常跟我提起您，这次总算见面了！

白琳　太好了！坐了十几个小时的飞机，总算到北京了！李先生，谢谢你来机场接我们。

李信文　不客气，我们是老朋友了。你们的入境手续都办好了吗？

白琳　都办好了，一切都很顺利！

李信文　好，那我们走吧，车就在外边。我先送你们去酒店，你们一定都累了吧？

到达 dàodá 도착하다, 이르다		交税 jiāo shuì 세금을 내다	
国际 guójì 국제		商业价值 shāngyè jiàzhí 상품성, 상업적 가치	
贸易 màoyì 무역, 교역		商业 shāngyè 상업	
公司 gōngsī 회사		价值 jiàzhí 가치	
代表 dàibiǎo 대표자, 대표(하다)		免税 miǎn shuì 면세하다	
生意 shēngyi 장사, 영업		超过 chāoguò 초과하다	
进出口 jìnchūkǒu 수출입		填 tián 채우다, 써 넣다	
进口 jìnkǒu 수입하다		申报单 shēnbàodān 신고서	
出口 chūkǒu 수출하다		申报 shēnbào (세관에) 신고하다, 신고	
入境 rù jìng 입국		单 dān 표, 리스트	
海关 hǎiguān 세관		招手 zhāo shǒu 손짓해 부르다	
官员 guānyuán 관리, 관원		副总经理 fù zǒngjīnglǐ 부사장	
护照 hùzhào 여권		副 fù 부	
登记卡 dēngjìkǎ 등록 카드		总经理 zǒngjīnglǐ 사장	
登记 dēng jì 등록(하다)		老板 lǎobǎn 사장	
卡 kǎ 카드		总算 zǒngsuàn 결국, 마침내	
行李 xíngli 짐, 소지품, 수하물		手续 shǒuxù 수속, 절차	
箱子 xiāngzi 트렁크, 상자		办手续 bàn shǒuxù 수속하다	
产品 chǎnpǐn 제품, 상품		顺利 shùnlì 순조롭다	
广告 guǎnggào 상품 소개, 광고		酒店 jiǔdiàn 호텔	
货样 huòyàng 샘플, 견본			

고유명사

美国国际贸易公司 Měiguó Guójì Màoyì Gōngsī 미국국제무역회사	
台湾 Táiwān 타이완	
东方进出口公司 Dōngfāng Jìnchūkǒu Gōngsī 동방수출입회사	

1 **是来/去……的** ~하러 온/간 것이다

'是……的'는 이미 발생한 사건에 대하여 시간·장소·수단 등의 정보를 묻거나 알려 줄 때 사용한다. '是'와 '的' 사이에 있는 것이 강조된다.

- 您是来旅行的吗?
- 我是去中国做生意的。

2 **……真不错** ~이 정말 훌륭하다

- 您的中文真不错!
- 机场的服务真不错!

3 **就** 바로(~이다)

'就'에는 여러 가지 의미가 있지만 여기에서는 '긍정을 강조하는 의미'로 쓰인다.

- 这位就是东方公司的副总经理李先生。
- 我的车就在外边。

4 **提起……** ~에 대해 언급하다, ~에 대해 말하다

- 白琳常常跟我提起您。
- 提起这种产品，这次我带了一个货样。

5 **谢谢+절** ~에 감사하다

- 谢谢你来机场接我们。
- 李先生，谢谢(您)帮我们订了酒店。

在中国，说中文 _ 중국에서 중국어 하기

TRACK **01-06**

　　在中国，说中文，会有很多好处。一句最简单的"你好"，常常使事情变得容易。"你好"让严肃的官员对你微笑，让紧张的谈判变得轻松。不要担心你说中文说得不好。你会发现，当你说中文的时候，中国人总是非常高兴，也更乐意帮助你。

　　说中文容易交朋友。有了好朋友，做生意、办事情都会有很多方便。只要你每天都说中文，能说多少就说多少，你的中文就会越来越好。

단어 　TRACK **01-07**

使 shǐ ~로 하여금 ~하게 하다	**轻松** qīngsōng (일 따위가) 수월하다
变得 biànde ~이 되다	**担心** dān xīn 걱정하다
严肃 yánsù 엄숙하다, 진지하다	**乐意** lèyì (~하는 것을) 즐겁게 여기다
微笑 wēixiào 미소 (짓다)	**交朋友** jiāo péngyou 친구를 사귀다
紧张 jǐnzhāng 긴박한, 긴장된	**办事情** bàn shìqing 일을 처리하다
谈判 tánpàn 협상(하다), 회담(하다)	**越来越** yuèláiyuè 점점, 더욱더

TRACK **01-08**

① **使/让** ~로 하여금 ~하게 하다
'使'나 '让' 뒤에는 반드시 명사나 대사가 온다. '使'는 주로 글말에서 쓰인다.

- 一句最简单的"你好"，常常使/让事情变得容易。
- 他说的话使/让那位官员很生气。

② **当……的时候** ~할 때

- 当你说中文的时候，中国人总是非常高兴。
- 当我走到出口的时候，我看见李先生正在等我。

③ **只要……，就……** 오직 ~하기만 하면 ~이다
'只要'는 주어의 앞이나 뒤에 올 수 있다. '只要' 뒤에 오는 절이나 명사는 필요조건을
나타내며, '就' 뒤에는 그에 따른 결과가 온다.

- 只要你每天都说中文，你的中文就会越来越好。
- 只要我有时间，我就一定去飞机场接你。

④ **能+동사+多少+就+동사+多少** ~할 수 있는 만큼 ~하다

- 你应该每天练习说中文，能说多少就说多少。
- 这些产品，我们能卖多少就卖多少。

⑤ **越来越……** 점점, 갈수록 ~하다
시간이 지남에 따라 정도가 변함을 나타낸다.

- 他的中文越来越好。
- 现在去中国做生意的人越来越多。

I 어휘 연습

1 주어진 단어의 반의어를 써 보세요.

> 到达 ⟷ 出发

(1) 入境 ⟷ _____   (2) 紧张 ⟷ _____

(3) 出口 ⟷ _____   (4) 担心 ⟷ _____

II 핵심 문형 연습 1

1 '是来/去……的'를 이용하여 질문에 답해 보세요.

(1) A : 您是来中国做生意的吗?

　　B : 不, _____

(2) A : 昨天李经理为什么又去北京了?

　　B : _____

2 당신이 막 중국에 도착하여 모든 것이 신기한 상황이라고 가정하고, '……真不错'를 이용하여 어떤 것이 멋지다고(훌륭하다고) 느끼는지 말해 보세요.

(1) _____

(2) _____

(3) _____

(4) _____

3 강조를 나타내는 '就'를 이용하여 질문에 답해 보세요.

(1) A：请问，哪位是美国来的史先生？

　　 B：_____

(2) A：你带的行李很多吗？

　　 B：_____

4 주어진 문장을 중국어로 말해 보세요. 문장에 반드시 '提起……'를 사용하여야 합니다.

(1) 저희 사장님이 그 중국 회사를 자주 언급하십니다. 우리는 그들과 거래할 수 있기를 바랍니다.

　　 _____

(2) 당신의 회사가 샘플을 보고 싶어 한다고 말한 적 없잖아요.

　　 _____

5 주어진 상황을 바탕으로 '谢谢+절'을 이용하여 고마움을 표현해 보세요.

(1) 你的朋友开车机场接你。你对他说：

　　 _____

(2) 昨天你借用了白小姐的电脑。现在你把电脑还给她。你说：

　　 _____

III

핵심 문형 연습 2

1 '使' 또는 '让'을 이용하여 문장을 완성해 보세요.

(1) 坐了十几个小时的飞机 _____

(2) 办手续很顺利，_____

2 '只要……，就……'를 이용하여 대화를 완성해 보세요.

(1) A：明天你能去机场接东方公司的代表吗?

　　B：_____

(2) A：那家公司乐意买我们的产品吗?

　　B：_____

3 '能+동사+多少+就+동사+多少'를 이용하여 대화를 완성해 보세요.

(1) A：我很想说汉语，可是我担心说得不好!

　　B：_____。

(2) A：老板，明天的谈判可能谈不完这么多问题吧?

　　B：_____。

4 '当……的时候'를 이용하여 그림 속 사람들이 비행기 안에서 무엇을 하고 있는지 문답해 보세요.

> 예 问: 当王先生喝可口可乐的时候，谢先生在做什么?
>
> 　答: 当王先生喝可口可乐的时候，谢先生在听音乐。

第四排：老张/小明

第三排：史老板/史太太

第二排：白小姐/李经理

第一排：王先生/谢先生

5 '越来越……'를 이용하여 그림을 묘사해 보세요.

以前 　　　现在

IV

1 본문 회화 내용을 바탕으로 질문에 답해 보세요.

(1) 史强生和白琳以前去过中国吗?

(2) 他们这次到中国做什么?

(3) 入境的时候，他们要填哪些表?

(4) 他们带的东西要交税吗? 为什么?

(5) 史强生和白琳谁是老板?

(6) 李信文先生是谁? 为什么白琳认识他?

(7) 史先生知道李先生吗? 为什么?

(8) 史先生、白小姐公司的名字是什么?

(9) 史先生和白小姐坐了多长时间的飞机?

비즈니스 ➕ PLUS

◆ 입국 신고서

外国人入境卡
ARRIVAL CARD

姓 성 Family name	名 이름 Given names
国籍 국적 Nationality	护照号码 여권 번호 Passport No.

在华住址 중국 내 주소
Intended Address in China

성별 男 Male □   女 Female □

생년월일 出生日期 年 Year 月 Month 日 Day
Date of birth

入境事由(只能填写一项) Purpose of visit(one only)
입국 사유 (택일)

签证号码 비자 번호
Visa No.

会议 / 商务 Conference / Business □

访问 Visit □

观光 / 休闲 Sightseeing/ in leisure □

签证签发地 비자 발급지
Place of Visa Issuance

探亲访友 Visiting friends □

就业 Employment □

学习 Study □

航班号 / 船名 / 车次 비행기 편명
Flight No./ Ship's name/ Train No.

返回常住地 Return home □

定居 Settle down □

其他 others □

以上申明真实准确。
I hereby declare that the statement given above is true and accurate.

签名 Signature 서명

◆ 공항에서 자주 볼 수 있는 표시

出发 출발

到达 도착

中转联程 경유지 환승

登机口 탑승구

安全检查 보안 검색

行李手推车 수하물 카트

出口 출구

入口 입구

行李提取 수하물 찾기

托运行李检查 수하물 검사

边防检查 출입국 심사

海关检查 세관 검사

02

在酒店

호텔에서

李信文为史强生和白琳在长城酒店预订了房间。这是一家五星级酒店，不但服务良好、设施完备，而且地点非常方便。白琳很喜欢这个地方，可是她也有很多问题。

李信文은 史强生과 白琳을 위해 창청호텔에 방을 예약해 주었다. 여기는 5성급 호텔로, 서비스가 훌륭하고 시설이 완벽히 갖추어져 있을 뿐만 아니라 위치 또한 매우 편리하다. 이 호텔이 무척 마음에 드는 白琳은 이것저것 궁금한 것이 많다.

21

旅客登记 _ 체크인

TRACK **02-02**

服务员	您好!
李信文	您好! 昨天我为这两位美国客人预订了房间。我姓李。麻烦您查一下儿。
服务员	您是东方公司的李先生吗?
李信文	对,我叫李信文。
服务员	请您的两位客人填一下儿旅客登记表。
李信文	我为你们预订的是一间标准间、一间套房。标准间一天六百五十块,套房九百块。
白琳	哇,比去年贵了不少啊! 请问,我可以用英文填表吗?
服务员	可以。不好意思,我需要看一下儿你们的护照。
李信文	客人需要先付房间押金吧?
服务员	是的。可以付现金,也可以刷卡。
史强生	我用信用卡吧。
服务员	好的。你们的房间在十九楼。这是房卡。电梯就在那边。谢谢!
白琳	十九楼! 太好了! 那么高,风景一定不错!

白琳　　你好，请问洗衣房在哪儿？

服务员　自助洗衣房在二楼。如果您需要洗衣服务，您可以把脏衣服放在洗衣袋里交给我，也可以把洗衣袋留在房间里，等一会儿我就来拿。

白琳　　谢谢！请问，你们有"叫醒"服务吗？

服务员　有。您只要打一二三七，告诉服务台您需要几点起床就行了。

白琳　　您知道哪儿可以用互联网吗？我得查一下儿我的邮件。

服务员　二楼的商务中心可以上网。如果您自己带了电脑的话，您的房间里就能免费上网，不需要密码。

白琳　　那可太好了！酒店里有健身房和游泳池吧？

服务员　当然有。坐电梯到顶楼，健身中心和游泳池就在那儿。

白琳　　(有一点儿不好意思)还有……您知道哪儿可以换人民币吗？

服务员　外币兑换就在大厅的服务台。

史强生　(笑)不好意思，请问餐厅在几楼？这位小姐问了这么多问题，肚子一定饿了！

预订 yùdìng 예약하다

五星级 wǔxīngjí 5성급

级 jí 급, 등급

良好 liánghǎo 양호하다, 좋다

设施 shèshī 시설

完备 wánbèi 완비하다

地点 dìdiǎn 위치

旅客 lǚkè 여행객

客人 kèrén 손님

标准间 biāozhǔnjiān 스탠다드룸

标准 biāozhǔn 스탠다드, 표준

套房 tàofáng 스위트룸

哇 wā 와 [놀람을 표현하는 감탄사]

不好意思 bù hǎoyìsi 부끄럽다, 미안하다

付 fù (돈을) 내다

押金 yājīn 보증금

现金 xiànjīn 현금

刷卡 shuā kǎ 카드로 결제하다

信用卡 xìnyòngkǎ 신용카드

房卡 fángkǎ (카드식) 방 열쇠

电梯 diàntī 엘리베이터

洗衣房 xǐyīfáng 세탁실

自助 zìzhù 셀프서비스

洗衣袋 xǐyīdài 세탁 주머니

袋 dài 주머니

叫醒 jiàoxǐng 모닝콜

服务台 fúwùtái 프런트 데스크, 안내 데스크

互联网 hùliánwǎng 인터넷

邮件 yóujiàn 이메일

商务中心 shāngwù zhōngxīn 비즈니스 센터

商务 shāngwù 비즈니스

中心 zhōngxīn 센터

上网 shàng wǎng 인터넷에 접속하다

免费 miǎn fèi 무료

密码 mìmǎ 비밀번호

健身房 jiànshēnfáng 헬스장

顶楼 dǐnglóu 꼭대기 층

人民币 rénmínbì 인민폐

外币兑换 wàibì duìhuàn 외화 환전(하다)

外币 wàibì 외화, 외국 화폐

兑换 duìhuàn 화폐로 교환하다

大厅 dàtīng 로비

① **不但……, 而且……** ～할 뿐만 아니라 ～하다

'而且' 절의 내용은 '不但' 뒤에 나오는 내용보다 더 발전되었거나 더 많은 정보를 나타낸다.

- 这家酒店不但服务良好、设施完备，而且地点非常方便。
- 白琳不但用了健身房，而且去洗衣房洗了衣服。

② **A为B+동사** A가 B에게(를 위해서) ～하다

- 昨天我为这两位美国客人预订了房间。
- 请你为我们兑换一些人民币。

③ **A比B+형용사+구체적 수량 또는 어림셈한 양** A는 B보다 ～만큼 ～하다

'比' 앞뒤의 A와 B에는 명사·동사·형용사·절 등이 올 수 있다. '比' 양쪽으로 오는 품사는 같아야 하며, 서로 다른 두 사물을 비교할 때 쓰인다.

- 哇，(今年)比去年贵了不少啊!
- 坐飞机比坐火车快了十个小时。

④ **如果……(的话), 就……** 만약 ～라면 ～일 것이다

앞 절에서는 가정의 상황을 제시하고, 뒤 절에서는 이러한 가정 하에서 일어날 수 있는 결과가 나온다.

- 如果您自己带了电脑的话，您的房间里就能免费上网。
- 如果不用信用卡，就得付现金。

⑤ **可……了**

형용사 앞에 오는 '可'는 정도를 강조하는 기능을 하며, 뒤에 조사 '了'가 호응한다.

- 那可太好了!
- 一天没吃饭，我的肚子可饿了!

中国的旅馆 _ 중국의 호텔

　　在中国，旅馆又叫酒店、饭店或者宾馆。最好的旅馆是五星级旅馆，当然也是最贵的旅馆。像北京的王府井希尔顿酒店、上海的锦江饭店、广州的白云宾馆等等，都是这样的大旅馆。一般来说，三星和三星以上的旅馆设施比较完备，通常设有餐厅、礼品部、健身房、美容沙龙、洗衣房和商务中心等等。这些设施都很方便，尤其是商务中心。在那里你可以上网，发邮件，使用电脑、打印机和复印机。很多旅馆还提供外币兑换、订票、租车和当地游览等服务。如果你打算在中国住旅馆，最好请旅行社帮你预订或者直接上网预订。你也可以请朋友帮忙或者自己给旅馆打电话。

단어 TRACK **02-07**

旅馆 lǚguǎn 호텔		使用 shǐyòng 사용(하다)	
宾馆 bīnguǎn 호텔		打印机 dǎyìnjī 프린터	
最好 zuìhǎo 가장 좋다, 가장 바람직한 것은		复印机 fùyìnjī 복사기	
等等 děngděng 기타 등등		提供 tígōng 제공하다	
一般来说 yìbān láishuō 일반적으로 말해서		订票 dìng piào 티켓을 예약하다	
一般 yìbān 일반적이다		租车 zū chē 차를 빌리다	
通常 tōngcháng 보통, 통상		当地 dāngdì 현지	
设有 shèyǒu 갖추고 있다		游览 yóulǎn 여행(하다)	
礼品部 lǐpǐnbù 기념품 가게		旅行社 lǚxíngshè 여행사	
美容沙龙 měiróng shālóng 뷰티 살롱		帮忙 bāng máng 돕다	
尤其 yóuqí 특히, 더욱			

고유명사

王府井希尔顿酒店 Wángfǔjǐng Xī'ěrdùn Jiǔdiàn 왕푸징 힐튼호텔

锦江饭店 Jǐnjiāng Fàndiàn 진장호텔　　　　白云宾馆 Báiyún Bīnguǎn 바이윈호텔

1 **像……等等** ~ 등과 같다, 예컨대 ~이다

예를 들어 주는 경우에 '像……等等'이라는 표현을 쓴다.

- 最好的旅馆是五星级旅馆，当然也是最贵的旅馆。像北京的王府井希尔顿酒店、上海的锦江饭店、广州的白云宾馆等等，都是这样的大旅馆。
- 这家旅馆提供很多服务，像外币兑换、订票、租车等等。

2 **……，尤其是+명사** 특히, 더욱이

전체 중에서 또는 다른 대상과 비교했을 때 특히 두드러지는 부분을 강조할 때 쓴다.

- 这些设施都很方便，尤其是商务中心。
- 他们入境的时候不太顺利，尤其是在海关申报的时候。

3 **最好+동사** ~하는 것이 제일 좋다, 가장 바람직한 것은 ~하는 것이다

가장 이상적인 선택을 나타낼 때 쓰인다.

- 如果你打算住旅馆，最好请旅行社帮你预订或者直接上网预订。
- 您最好使用信用卡。

4 **请A帮B+동사……** A에게 B가 ~하는 것을 도와달라고 부탁하다

- 你也可以请朋友帮忙或者自己给旅馆打电话。
- 请您帮我预订两张去上海的飞机票(吧)。

I

1 본문에서 배운 새 단어를 이용하여 질문에 답해 보세요.

(1) 在中文里，"旅馆"还有什么别的名字？它们的意思都一样吗？

_____

(2) 哪些词汇在住旅馆的时候可能有用？

_____

2 빈칸에 알맞은 단어를 채워 넣어 보세요.

上网 / 互联网

(1) ____金 / ____金 / ____金   (2) ____卡 / ____卡 / ____卡

(3) ____厅 / ____厅 / ____厅   (4) 洗衣____ / 洗衣____ / 洗衣 ____

II

1 주어진 상황을 바탕으로 '不但……, 而且……'를 이용하여 문장을 만들어 보세요.

(1) _____

긴 비행 후에 그들은 매우 피곤하고 배가 고픕니다.

(2) _____

호텔 투숙객들은 비즈니스 센터에서 인터넷을 무료로 사용할 수 있을 뿐만 아니라 컴퓨터와 프린터를 사용할 수 있습니다.

2 수요일에 한 외국 회사에서 두 손님이 와서 당신의 회사를 방문, 견학할 예정입니다. 당신은 그들을 접대하는 일을 맡았고, 화요일인 오늘 사장은 당신의 준비 상황이 어떠한지 알고 싶어 합니다. 이러한 상황을 가정하고 'A为B+동사……'를 이용하여 당신이 이미 한 일과 앞으로 할 일에 대해 이야기해 보세요.

(1) _____

(2) _____

3 다음은 신베이징호텔의 객실 가격표입니다. 'A比B+형용사+구체적 수량 또는 어림셈한 양'을 사용하여 평일과 주말 각 객실의 가격을 비교해 보세요.

新北京大饭店房价表

房型	主楼		西楼	
	周一至周四	周末	周一至周四	周末
标准间	380.00	420.00	300.00	320.00
套房	600.00	650.00	380.00	400.00
商务标准间	420.00	450.00		
商务套房	780.00	900.00		
总裁套房	1100.00	1650.00		

4 '如果……(的话)'를 이용하여 대화를 완성해 보세요.

(1) 旅　客　：请问，我需要用现金先付旅馆押金吗?

　　服务员：_____

(2) 旅　客　：请问，在哪儿可以用互联网?

　　服务员：_____

5 '可……了'를 이용한 문장을 완성해 보세요.

(1) _____可忙了!

(2) _____可紧张了!

(3) _____可方便了!

1 주어진 상황을 바탕으로 '像……等等'을 이용하여 문장을 만들어 보세요.

(1) 告诉你的朋友，在中国哪些地方有意思。请举例说明。

_____

(2) 告诉你的朋友在中国说中文的话会有很多好处。请举例说明。

_____

2 '……，尤其是+명사'를 사용하여 주어진 문장을 중국어로 말해 보세요.

(1) 나는 중국 음식을 매우 좋아하는데, 특히 베이징카오야를 좋아합니다.

_____

(2) 일반적으로 중국인들은 외국인에게 우호적이며, 특히 당신이 중국어로 말할 때 더욱 그렇습니다.

_____

3 주어진 상황을 바탕으로 '最好+동사'를 이용하여 문장을 만들어 보세요.

(1) 下个月，你的朋友要去中国商务旅行。他想知道他应该怎样准备这次旅行。

你告诉他: _____

(2) 你朋友想知道他在中国的时候怎样跟你联系最方便。

你告诉他: _____

4 주어진 상황을 바탕으로 '请A帮B+동사'를 이용하여 문장을 만들어 보세요.

(1) 在机场，你看见设有"外币兑换"的窗口(chuāngkǒu 창구)。你想换500美元的人民币。

你说: _____

(2) 你告诉旅馆服务员你忘了带你的房卡。

你说: _____

1 　본문 회화 내용을 바탕으로 질문에 답해 보세요.

(1) 李先生为史强生和白琳预订了什么样的房间?

(2) 他们的房间多少钱一天?

(3) 住旅馆的时候，客人需要办什么手续?

(4) 他们需要付押金吗?

(5) 如果客人有脏衣服需要洗，他们可以怎么办?

(6) 这家旅馆的"叫醒"服务电话是多少?

(7) 旅馆的客人可以在哪儿用互联网?

(8) 这家旅馆有外币兑换服务吗? 在哪儿?

◆ 임시 투숙 카드

临时住宿登记表
REGISTRATION FORM OF TEMPORARY RESIDENCE

英文姓 Surname	英文名 First name	性别 Sex
中文姓名 Name in chinese	国籍 Nationality	出生日期 Date of birth
证件种类 Type of certificate	证件号码 Certificate No.	证件种类 Type of visa
签证有效期 Valid visa	抵店日期 Date of arrival	离店日期 Date of departure
何处来 Arr. from	何处去 Dept. to	停留事由 Object of stay
接待单位 Company	房号 Room No.	

请用正楷书写 Please write in block letters

离店时我的账目将以下列方式结算
On checking out my account will be settled by

☐ 现金 Cash　　　(　　　　　　　)　　　☐ 信用卡 Credit Card
☐ 其他 Others　　(　　　　　　　)　　　☐ 旅行社凭证 T/A Voucher

为 _____ 房间承担账务 Pay for Room No.

由 _____ 房间承担账务 Pay by

注意 Remarks Name in Chinese	房价 Room Rate
一　您可以将贵重物品存放在保险箱内。 　　Please keep the valuable in safety box. 二　退房时间为中午12:00整。 　　Checking out time is 12:00 noon. 1> 2>	
宾客签名 Guest signature	职员签名 Clerk initial

03

正式见面

공식 면담

今天是中美双方代表的第一次正式见面。王国安总经理代表东方进出口公司欢迎美国客人。史强生先生代表美国国际贸易公司向中方说明了这次访问的目的。

오늘은 중미 양측 대표가 처음으로 공식적인 만남을 갖는 날이다. 王国安 사장은 동방수출입회사를 대표하여 미국 측을 환영한다. 史强生은 미국국제무역회사를 대표해 중국 측에 이번 방문의 목적을 설명한다.

1 **问候和介绍** _ 안부와 소개

王国安	欢迎，欢迎！欢迎光临。
李信文	让我来介绍一下儿。这位是美国国际贸易公司亚洲地区总裁史强生先生；这位是他的助理，白琳小姐。这位是我们公司的总经理，王国安先生；这位是公共关系部主任张红女士。
史强生	幸会，幸会！你们好!(握手)这是我的名片，请多指教。
王国安	不敢当。这是我的名片，以后也请您多多指教！
史强生	哪里，哪里！
王国安	我们坐下谈吧。(倒茶)请喝茶。昨天晚上休息得好吗？
史强生	休息得很好。旅馆很舒服，服务也很周到。谢谢贵公司的安排。
王国安	别客气。这是我们应该做的。在北京期间，如果你们有什么问题的话，请随时跟我或者李先生联系，或者告诉张红主任。
张红	这是我的名片。上面有我的办公室电话号码和手机的号码。
史·白	谢谢，谢谢！
李信文	王总，白琳小姐是我们的老朋友了。去年夏天她来北京，也住在长城酒店。
王国安	太好了！白小姐，欢迎您再次来到中国！
白琳	谢谢！上次李先生给了我很多帮助，我们合作得很愉快。我非常喜欢北京。

2 说明访问目的 _ 방문 목적 설명

史强生 这次我们来中国的目的是想跟贵公司洽谈一下儿今年秋季的新订单和签订代理合同的事情。另外，如果可能的话，我们也想参观几家工厂，看看生产情况。

王国安 好啊。我们想把第一次会谈安排在明天上午。参观工厂的事儿，李先生正在跟那边的主管联系。稍后让他把具体安排告诉你们。

白琳 如果有时间的话，我们还希望能够去上海和深圳考察一下儿那儿的投资环境。

李信文 我想这些都没有问题。今天下午我们就可以讨论一下儿日程安排。

史强生 好的。我们很想把日程安排早一点儿确定下来。

张红 今天晚上，王总打算请大家吃饭，欢迎史先生和白小姐。白小姐，晚上六点半我去酒店接你们，行吗?

白琳 行! 六点半我们在大厅等您。

단어 TRACK **03-04**

正式 zhèngshì 정식의, 공식의		**女士** nǚshì 여사, 부인	
双方 shuāngfāng 쌍방		**幸会** xìnghuì 만나 뵙게 되어 기쁘다	
目的 mùdì 목적		**名片** míngpiàn 명함	
问候 wènhòu 안부를 묻다, 문안 드리다		**指教** zhǐjiào 지도하다, 가르치다	
光临 guānglín 왕림(하다)		**不敢当** bùgǎndāng 별말씀을 다 하십니다	
地区 dìqū 지구, 지역		**倒** dào 따르다, 붓다	
总裁 zǒngcái (정당, 기업의) 총재		**周到** zhōudào 세심하다	
助理 zhùlǐ 조수, 비서		**期间** qījiān 기간	
主任 zhǔrèn 주임		**随时** suíshí 언제나, 아무 때나	

合作 hézuò 합작(하다), 협력(하다)	稍后 shāohòu 잠시 뒤, 조금 뒤
洽谈 qiàtán 협의(하다), 교섭(하다)	稍 shāo 잠시, 잠깐
秋季 qiūjì 가을철	具体 jùtǐ 구체적이다
订单 dìngdān 주문서	考察 kǎochá 현지 조사하다, 시찰하다
签订 qiāndìng (조약을) 체결하다	投资环境 tóuzī huánjìng 투자 환경
代理 dàilǐ 대리하다, 대행하다	投资 tóuzī 투자
合同 hétóng 계약(서)	环境 huánjìng 환경
会谈 huìtán 회담(하다)	日程 rìchéng 일정
主管 zhǔguǎn 주요 책임자, 담당자	确定 quèdìng 확정하다

고유명사

亚洲 Yàzhōu 아시아
公共关系部 Gōnggòng Guānxì Bù 공공관계부, 홍보부
深圳 Shēnzhèn 선전
王总 Wáng zǒng 왕 사장, 왕 총재

명함 읽기

아래의 명함을 통해 알 수 있는 사실을 자유롭게 이야기해 보세요.

许永金	长城国际贸易公司总经理 北京企业家协会理事 世界贸易会会员	
地址：北京长安东路六号 邮编：100078 电子信箱：xuyj@greatwall.com	电话：(10)6625-8888 手机：1301168662 微信：CC66253288	

① **A代表B+동사······** A가 B를 대표하여 ~하다

- 王国安总经理代表东方进出口公司欢迎美国客人。
- 史先生代表美方说明了这次访问的目的。

② **让A(来)+동사······** A로 하여금 ~하게 하다

- 让我来介绍一下儿。
- 等一会儿让他把具体安排告诉你们。

③ **在······期间** ~(에 있는) 동안에

- 在北京期间，如果你们有什么问题的话，请随时跟我或者李先生联系。
- 在这次访问期间，美国代表参观了四家工厂。

④ **(사람+동사······的)目的是······** (~가 ~하는) 목적은 ~이다

- 这次我们来中国的目的是想跟贵公司洽谈一下儿今年秋季的新订单。
- 他去深圳的目的是考察投资环境。

宾主见面的礼仪 _ 주객 만남의 예의

中国人总是习惯用握手来表示欢迎、感谢或者友好。宾主见面的时候，主人应该首先跟客人握手，表示问候。中国人不习惯互相拥抱。即使是老朋友，见面拥抱也会使中国人觉得不太舒服。

宾主见面的礼仪当然也包括说一些表示问候和客气的话。像"你好""您最近怎么样""很高兴见到你""幸会""久仰""请多指教"等等，都是常用的问候语和客套话。

很多中国人喜欢在初次见面的时候互相交换名片。别人给你名片的时候，你应该用两只手接，表示礼貌。名片既可以帮助你记住对方的姓名，又便于今后互相联系。顺便说一句，有些人喜欢在自己的名片上列出很多头衔。别担心，你只要记住他的第一个头衔就够了。一般来说，列在第一的头衔常常是最重要的。

단어　TRACK **03-07**

宾主 bīnzhǔ 손님과 주인, 주객	**礼貌** lǐmào 예의
礼仪 lǐyí 예의, 예법	**对方** duìfāng 상대방
首先 shǒuxiān 먼저	**姓名** xìngmíng 이름
拥抱 yōngbào 껴안다, 포옹하다	**便于** biànyú ~하는 데 편리하다
即使 jíshǐ 설사 ~할지라도	**今后** jīnhòu 오늘부터
包括 bāokuò 포함하다	**顺便说一句** shùnbiàn shuō yí jù 덧붙여 한마디 하다
久仰(大名) jiǔyǎng (dàmíng) 존함은 많이 들었습니다	**顺便** shùnbiàn ~하는 김에
客套 kètào 겸양, 사양(하는 말), 인사치레 말	**列** liè 늘어놓다, 배열하다
初次 chūcì 처음, 제1회	**头衔** tóuxián (관직이나 학위 따위의) 직함
交换 jiāohuàn 교환(하다)	

1 习惯+동사 ～하는 것이 습관이 되다, 익숙해지다

- 中国人总是习惯用握手来表示欢迎、感谢或者友好。
- 我习惯每天七点起床。

2 即使……也…… 설사 ～할지라도

양보 관계의 복문으로, 앞뒤 두 부분에는 서로 연관된 내용이 온다. '即使' 뒤에는 가정의 상황이 오고, '也' 뒤에 따라 나오는 결과는 가정의 내용에 영향을 받지 않음을 나타낸다.

- 即使是老朋友，见面拥抱也会使中国人觉得不太舒服。
- 即使你没有东西需要申报，也得填海关申报表。

3 既……又…… ～할 뿐만 아니라 ～하다

'既'와 '又' 뒤의 상황이 병존함을 나타낸다.

- 名片既可以帮助你记住对方的姓名，又便于今后互相联系。
- 服务台既收现金，又可以用信用卡。

4 ……，便于…… ～하기에 편리하다, ～하기 쉽다

'便于' 뒤에 주로 동사나 동사구가 목적어로 오며 '～하기에 편리하다', '편하다'라는 뜻이다.

- 我们互相交换一下名片，便于今后联系。
- 请早一点儿告诉李先生您的打算，便于他做出日程安排。

I

1 예시와 같이 주어진 단어에 알맞은 단어를 조합해 보세요.

> 预订 → 预订酒店 · 预订机票

(1) 正式 → ＿＿＿＿＿＿＿＿＿＿＿＿＿＿＿＿＿＿＿＿＿

(2) 签订 → ＿＿＿＿＿＿＿＿＿＿＿＿＿＿＿＿＿＿＿＿＿

(3) 洽谈 → ＿＿＿＿＿＿＿＿＿＿＿＿＿＿＿＿＿＿＿＿＿

(4) 周到 → ＿＿＿＿＿＿＿＿＿＿＿＿＿＿＿＿＿＿＿＿＿

2 한어병음과 문장 내용에 맞는 한자를 써 보세요.

(1) 我休息的时候，＿＿＿＿＿很舒服。您的＿＿＿＿非常＿＿＿＿。
　　　　　　　　　 lǚguǎn　　　　　　　ānpái　　　　zhōudào

(2) 旅行＿＿＿＿还没有＿＿＿＿下来。＿＿＿＿我给＿＿＿＿
　　　　 rìchéng　　　 quèdìng　　　 shāohòu　　　 lǚxíngshè
再打个电话吧。

(3) 我们计划去上海＿＿＿＿一下儿＿＿＿＿＿＿＿＿＿＿。
　　　　　　　　 kǎochá　　　　 tóuzī huánjìng

(4) 请问，这件事是谁＿＿＿＿？我应该跟谁＿＿＿＿？
　　　　　　　　　 zhǔguǎn　　　　　　　　 liánxì

(5) 在中国，＿＿＿＿见面的＿＿＿＿是互相握手，不是互相＿＿＿＿。
　　　　　 bīnzhǔ　　　 lǐyí　　　　　　　　　　 yōngbào

1 'A代表B+동사'를 이용하여 문장을 완성해 보세요.

(1) _____ 代表 _____ 说明 _____

(2) _____ 代表 _____ 参加 _____

2 주어진 상황을 바탕으로 '让A(来)+동사……'를 이용하여 문장을 만들어 보세요.

(1) 你的朋友想要换一间旅馆房间，可是他的中文不太好。你愿意帮助他。

你说：_____

(2) 你希望先把这次访问的日程安排好。

你说：_____

3 '在……期间'을 이용한 문장을 완성해 보세요.

(1) 在这次谈判期间，_____

(2) 在中国旅行期间，_____

4 '(사람+동사……的)目的是……'를 이용하여 질문에 답해 보세요.

(1) 请问，您这次为什么来中国？

_____

(2) 下个月王总为什么要去美国？

_____

1 '习惯+동사'를 이용하여 질문에 답해 보세요.

(1) 宾主初次见面的时候，中国人怎样表示对客人的欢迎？美国人呢？

_____

(2) 中国人常常喝茶还是喝咖啡？

_____

2 '即使……也……'를 이용하여 질문에 답해 보세요.

(1) 这家旅馆非常贵，可是它是最好的五星级旅馆。你愿意住吗？

_____

(2) 明天的日程安排是去参观工厂。如果你累了的话，就在旅馆休息休息吧。

_____

3 '既……又……'를 이용하여 질문에 답해 보세요.

(1) 为什么很多人都喜欢用互联网(/因特网)订票和订旅馆？

_____

(2) 你上次住的那家旅馆怎么样？

_____

4 '……，便于……'를 이용하여 질문에 답해 보세요.

(1) 为什么很多人初次见面的时候，常常喜欢互相交换名片？

_____

(2) 为什么去中国做生意应该学会说中文？

_____

1 본문 회화 내용을 바탕으로 질문에 답해 보세요.

(1) 中美双方参加今天见面的有哪些人?

(2) 双方代表见面的时候，他们互相交换了什么?

(3) 史强生的头衔是什么? 白琳呢?

(4) 谁是张红? 她的头衔是什么?

(5) 为什么李先生告诉王总说"白琳小姐是我们的老朋友了"?

(6) 美国代表这次来中国的目的是什么?

(7) 美方代表还想去哪些地方参观和考察?

(8) 今天晚上有什么安排? 明天上午有什么安排?

(9) 美国代表在北京期间，如果需要帮助，可以跟谁联系? 怎么联系?

◆ 자주 볼 수 있는 직함

工商企业 기업

- 董事长 dǒngshìzhǎng 대표이사
- 常务董事 chángwù dǒngshì 상무이사
- 董事 dǒngshì 이사
- 总经理 zǒngjīnglǐ 사장, 회장
- 总裁 zǒngcái 경영자, CEO, 총재
- 经理/主管 jīnglǐ / zhǔguǎn 사장, 매니저, 주요 책임자
- 厂长 chǎngzhǎng 공장장
- 总工程师 zǒnggōngchéngshī 수석 기사, 엔지니어
- 工程师 gōngchéngshī 기사, 엔지니어
- 审计师 shěnjìshī (회계) 검사관
- 会计师 kuàijìshī 회계사

政府部门 정부 부문

- 部长 bùzhǎng 장관, 대신
- 司长 sīzhǎng 국장
- 厅长/局长 tīngzhǎng / júzhǎng 국장, 서장
- 处长 chùzhǎng 처장, 소장, 국장
- 办公室主任 bàngōngshì zhǔrèn 사무실 주임
- 科长 kēzhǎng 과장

◆ 명함 예시

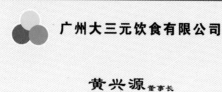

04

日程安排

일정 짜기

史强生和白琳计划在中国逗留一个星期左右。除了要在北京跟中方洽谈业务和参观工厂以外，他们还打算去上海看商品交易会、去深圳考察工业园区和一家创业公司。现在，李信文先生要跟他们一起讨论这几天的日程安排。

史强生과 白琳은 중국에서 일주일 정도 머무를 예정이다. 베이징에서 중국 측과 업무 회의를 하고 공장을 방문하는 것 이외에, 그들은 상하이로 가 무역 전시회를 보고, 선전에 가서 산업 단지와 벤처기업 한 곳을 시찰할 계획이다. 지금 李信文 선생이 그들과 함께 이 며칠간의 일정에 대해 상의하고자 한다.

1 讨论日程安排 _ 일정 토론

TRACK **04-02**

李信文　史先生、白小姐，现在我们一起来谈谈日程安排，怎么样？

史强生　好啊。这次来中国，我们要办的事很多，想去的地方也不少，需要好好儿地计划一下儿。李先生，我们打算在中国一共待八天，您看时间够吗？

李信文　嗯，听起来时间确实有一点儿紧。不过，只要安排得合理，就应该没问题。

白琳　李先生安排日程非常有经验。去年我在北京，他把每天都安排得满满的。上午洽谈业务，下午参观，晚上看表演，连给男朋友打电话的时间都没有！（笑）

李信文　（笑）对不起，白小姐。这次我们一定给你专门留出打电话的时间。

白琳　没关系，不用了！反正现在我们已经吹了！

2 修改日程安排 _ 일정 변경

TRACK **04-03**

李信文　这次的日程，我想这样安排：前五天在北京，后三天，两天在上海，一天在深圳。你们觉得怎么样？

史强生　在深圳只待一天，时间是不是太短了？听说深圳的投资环境很好，经济发展得很迅速，尤其是高新科技产业的发展。我很希望能有机会亲眼看看。

李信文　如果这样的话，我们可以把计划修改成在北京四天，上海和深圳各两天。行吗？

白琳	我觉得这样比较合适。李先生，请问在北京的活动是怎么安排的？
李信文	在北京，除了洽谈业务以外，还要参观一家服装厂、一家玩具厂，游览故宫和长城。
史强生	这样安排很好、很周到。李先生，让您费心了！
李信文	没什么，这是我应该做的。另外，今天晚上七点是欢迎宴会；明天晚上，服装厂的钱厂长想邀请你们两位吃饭；后天晚上我想请你们品尝著名的北京烤鸭……
史强生	李先生，您太客气了！
白琳	（对史强生说）现在你知道为什么去年我胖了十磅吧？（笑）

단어　TRACK 04-04

逗留 dòuliú 머물다, 체류하다		**吹** chuī 그르치다, 헤어지다	
左右 zuǒyòu 가량, 내외		**修改** xiūgǎi 수정하다, 고치다	
业务 yèwù 업무, 일, 비즈니스		**发展** fāzhǎn 발전하다	
商品 shāngpǐn 상품, 제품		**迅速** xùnsù 신속하다, 재빠르다	
交易会 jiāoyìhuì 교역회, 상품 박람회, 무역 전시회		**高新科技** gāo-xīn kējì 첨단 과학기술	
交易 jiāoyì 교역(하다), 거래(하다)		**科技** kējì 과학기술	
工业园区 gōngyè yuánqū 산업 단지		**产业** chǎnyè 산업	
创业公司 chuàngyè gōngsī 벤처기업		**亲眼** qīnyǎn 직접, 제 눈으로	
创业 chuàngyè 창업하다, 사업을 시작하다		**服装厂** fúzhuāngchǎng 의류 공장	
好好儿 hǎohāor 잘, 주의 깊게		**服装** fúzhuāng 의류	
待 dāi 머물다, 체류하다		**(工)厂** (gōng) chǎng 공장	
听起来 tīng qǐlái 듣기에		**玩具** wánjù 완구	
合理 hélǐ 합리적이다		**费心** fèi xīn 마음을 쓰다, 신경 쓰다	
专门 zhuānmén 특별히, 일부러		**没什么** méi shénme 아무것도 아니다	
反正 fǎnzhèng 어쨌든, 결국		**另外** lìngwài 그 외, 또, 그 밖에	

厂长	chǎngzhǎng	공장장	品尝	pǐncháng	맛보다
邀请	yāoqǐng	초청하다, 초대하다	著名	zhùmíng	유명하다
后天	hòutiān	모레	磅	bàng	파운드 [무게의 단위]

고유명사

故宫	Gùgōng	자금성
长城	Chángchéng	만리장성
北京烤鸭	Běijīng Kǎoyā	베이징카오야

무역 대표단의 일정표 예시

날짜	시간	일정	비고
3月2日 (星期一)	10:00	到达北京首都机场	公司××副总经理前往接机
	11:00	入住北京饭店	
	12:00–13:30	午餐	饭店三楼301包间
	14:00–14:30	会见公司××总经理	
	14:30–16:00	与市场部会谈	
	18:30–20:00	欢迎宴会	全聚德烤鸭店
3月3日 (星期二)	9:30–12:00	继续与市场部会谈	
	12:00–13:00	工作午餐	
	13:00–16:00	参观京华纺织厂	市场部主任××陪同
	18:00	晚餐	饭店一楼餐厅
	19:00–21:00	观看京剧演出	
3月4日 (星期三)	9:00–11:30	游览颐和园	××副总经理陪同
	12:00	北海仿膳午餐	
	14:00	参观故宫	
	19:00	告别宴会	北京饭店小宴会厅

1 除了……以外，还…… ~ 외에도 또 ~하다

'除了'는 '~이외에'라는 뜻으로, 뒤에 '以外'를 덧붙일 수 있다. 뒤 절에 '也'나 '还'가 와서 주어진 내용 외에 다른 것을 더 보충함을 나타낸다.

- 除了在北京洽谈业务以外，他们还打算去上海和深圳考察投资环境。
- 除了货样以外，他还带了几件礼物。

2 连……都/也…… ~조차도 ~하다, 심지어 ~하다

강조를 나타내며, '连'과 '都/也' 사이에는 명사, 동사, 절, 수량구가 올 수 있다.

- (我)连给男朋友打电话的时间都没有!
- 我连电脑也带来了。

3 反正 어쨌든, 결국

어떠한 상황이 온다 해도 결과는 변하지 않음을 나타낼 때 쓰인다.

- 反正现在我们已经吹了!
- 没有带现金没关系，反正我有信用卡。

4 把A+동사+成+B A를 B로 ~하다

어떤 행위를 통해 A를 B로 바꾼다는 뜻을 나타낸다.

- 我们可以把计划修改成在北京四天，上海和深圳各两天。
- 对不起，我把一百块看成十块了。

吃得好、玩儿得好、生意做得好
_ 잘 먹고, 잘 놀고, 장사도 잘하고

TRACK **04-06**

　　中国地大人多，交通繁忙。外国人在中国旅行，不仅会有语言的问题，而且常常会遇到一些想不到的麻烦。如果你计划去中国出差，一定要安排好你的旅行计划。你可以把想要参观、访问、考察的地方通知你在中国的接待单位，请他们为你安排日程，预订旅馆、飞机票或者火车票。你也可以把你的日程表事先用邮件发给中方，便于他们做好接待准备。

　　无论你是去中国洽谈生意还是私人访问，游览和赴宴都是中国人日程安排中少不了的内容。尤其是频繁的请客吃饭，有时候甚至会成为一种负担。中国人觉得，请客吃饭有助于建立关系、发展友谊。请问，在吃了一顿丰盛的晚饭以后，有谁还能对主人说"不"呢？

단어　TRACK **04-07**

交通 jiāotōng 교통		少不了 shǎobuliǎo 빼놓을 수 없다	
繁忙 fánmáng 번잡하다, 바쁘다		频繁 pínfán 잦다, 빈번하다	
想不到 xiǎngbudào 생각지 못하다		请客 qǐng kè 손님을 초대하다, 한턱내다	
出差 chū chāi 출장(가다)		甚至 shènzhì 심지어	
接待单位 jiēdài dānwèi 접대 부서		成为 chéngwéi ～이 되다	
接待 jiēdài 접대(하다)		负担 fùdān 부담, 짐스럽다	
单位 dānwèi 부서, 단위		有助于 yǒuzhùyú ～에 도움이 되다	
日程表 rìchéngbiǎo 스케줄, 일정표		建立 jiànlì 맺다, 형성하다	
事先 shìxiān 사전(에)		顿 dùn 끼니 [식사의 횟수를 셀 때 쓰임]	
无论 wúlùn ～에 관계없이, ～을 막론하고, ～에도 불구하고		丰盛 fēngshèng 풍부하다, 성대하다	
私人 sīrén 개인		主人 zhǔrén 주인, 손님을 접대하는 사람	
赴宴 fù yàn 연회에 참석하다			

1 **不仅……而且……** ~일 뿐만 아니라 ~이다

뒤 절의 내용이 앞 절보다 의미상 정도가 한층 심해짐을 나타낸다. '不但……而且……' 와 뜻과 용법이 같다.

- 外国人在中国旅行，不仅会有语言的问题，而且常常会遇到一些想不到 的麻烦。
- 我们今年的旅行不仅玩儿得很好而且吃得非常好。

2 **无论……还是……，（……）都……** ~든 관계 없이

선택 관계를 나타낼 때 쓰이며, 어떤 조건에서도 결론에는 변화가 없다는 의미이다. 대 개 뒤에 '都'가 와서 호응한다.

- 无论你是去中国洽谈生意还是私人访问，游览和赴宴都是中国人日程安 排中少不了的内容。
- 无论您要订单间还是套房，我们都有。

3 **A有助于B** A는 B에 도움이 된다, A는 B에 유리하다

- 中国人觉得，请客吃饭有助于建立关系、发展友谊。
- 会说中文有助于跟中国人交朋友。

4 **……，有谁还能……呢？** 어느 누가 ~할 수 있겠는가?

……，有谁还能不……呢？ 어느 누가 ~하지 않을 수 있겠는가?

- 在吃了一顿丰盛的晚饭以后，有谁还能对主人说"不"呢？
- 这么好的产品，有谁还能不喜欢呢？

I 어휘 연습

1 주어진 단어를 중국어로 해석하고, 그 단어를 이용하여 문장을 만들어 보세요.

> **频繁:** 很多很多次 → 李经理频繁地给对方打电话，总算把事情安排好了。

(1) 逗留: _____

(2) 费心: _____

(3) 少不了: _____

II 핵심 문형 연습 1

1 '除了……以外，还……'를 이용하여 문장을 완성해 보세요.

(1) 除了洽谈订单以外，我们_____

(2) 除了参观交易会以外，美国代表_____

2 '连……都……'를 이용하여 대화를 완성해 보세요.

(1) A : 王总，昨天跟美国贸易代表的谈判顺利吗?

　　B : 非常顺利。我们_____签订好了!

(2) A : 哇，这么大的箱子，你一定带了不少东西!

　　B : 是啊，我_____带来了。

3 '反正'을 이용하여 대화를 완성해 보세요.

(1) A : 对不起，今天大概没有时间去那家创业公司考察了！

　　B : _____

(2) A : 谈了一天生意，今天晚上我们休息休息，看个电影，怎么样？

　　B : _____

4 주어진 예시 중 2개를 고른 후, '把A+동사+成+B'를 이용하여 문장을 만들어 보세요.

> 修改成/写成/说成/看成/做成/翻译成

(1) _____

(2) _____

1 주어진 요구에 맞게 '不仅……而且……'를 이용하여 문장을 만들어 보세요.

(1) 在今天的洽谈中，双方代表谈到了很多问题。请用"不仅……而且……"说一说他们谈到了哪些问题。

_____

(2) 请用"不仅……而且……"说一说为什么美国代表希望在中国多逗留几天。

_____

2 주어진 상황을 바탕으로 '无论……还是……，(……)都'를 이용하여 질문에 답해 보세요.

(1) 你觉得长城饭店的服务好还是希尔顿饭店的服务好？

_____

두 곳을 다 방문하고 싶습니다.

(2) 这件是礼物，那件是产品货样。请问我应该填海关申报单吗？

_____

두 가지 모두 신고서를 작성해야 합니다.

3 'A有助于B'를 이용하여 질문에 답해 보세요.

(1) 为什么做生意的时候，请客吃饭常常是少不了的事？

_____

(2) 为什么来谈生意的外国代表，常常希望参观、考察那些发展很快的中国公司
和工厂？

_____

4 '……，有谁还能……呢？' 또는 '……，有谁还能不……呢？'를 이용하여 질문에 답해
보세요.

(1) 为什么大家都愿意跟那家公司做生意？

_____

(2) 为什么来中国的外国人都要去长城？

_____

IV

▶ 독해와 작문 연습

1 본문 회화 내용을 바탕으로 질문에 답해 보세요.

(1) 史强生和白琳计划这次在中国逗留几天？

(2) 为什么白琳说李信文安排日程非常有经验？

(3) 史强生为什么尤其希望去深圳？

(4) 在北京的时候，除了洽谈业务以外，美国代表还要去哪些地方？

(5) 李先生计划什么时候请美国客人品尝北京烤鸭？

05

出席宴会

연회 참석

TRACK **05-01**

王国安总经理代表东方进出口公司举行宴会，欢迎史强生先生和白琳小姐。外贸局的马局长也出席了宴会。史强生和白琳都觉得宴会非常丰盛。

王国安 사장은 동방수출입회사를 대표해 연회를 열고 史强生과 白琳을 환영한다. 외무국의 马 국장도 연회에 참석했다. 史强生과 白琳은 모두 연회가 매우 성대하다고 느낀다.

1 请坐，请坐，请上座 _ 상석으로 앉으세요

▶ **在餐厅** _ 식당에서

王国安	史先生、白小姐，你们到了！请进，请进！
史强生	谢谢！
白琳	这家餐厅布置得可真漂亮！
张红	是啊，这是北京最有名的饭店之一，大家都喜欢到这儿来。
王国安	我来为你们介绍一下儿。这位是外贸局的马局长，这位是美国国际贸易公司的史先生，这位是白小姐。
马局长	欢迎，欢迎！欢迎两位来中国！(握手)这两天辛苦了吧！
史强生	还好，不太累。虽然有一点儿时差，但是昨天休息得很好。王总为我们安排得非常周到。
王国安	各位请入席吧！史先生、白小姐，你们是客人，请坐这儿。这儿是上座。马局长，您请坐这儿！
马局长	你是主人，你应该陪客人坐一块儿呀！
王国安	不，不，不，您是领导，应该和贵宾坐一起。我坐您旁边。来，来，来，大家都请随便坐吧！

干杯，干杯！_건배!

王国安　今天晚上是为史先生、白小姐接风。大家先喝一点儿酒，怎么样？史先生，您要茅台酒还是红葡萄酒？

史强生　我听说茅台酒非常有名，我要茅台酒吧。

王国安　白小姐，您呢？

白琳　　我不太会喝酒，我喝葡萄酒吧。

王国安　孔子说过："有朋自远方来，不亦乐乎？"来，为欢迎史先生和白小姐，干杯！（大家干杯）

马局长　史先生，请吃菜。这些都是冷盘，等会儿还有大菜和汤。来，尝尝这个！（用公筷给史强生夹菜）

史强生　谢谢，谢谢！我自己来吧。

（服务员上菜）

张红　　今天的菜都是这家饭店的特色菜。白小姐，你尝尝。喜欢吗？

白琳　　嗯，很好吃！

张红　　既然好吃，就多吃一些！你再尝尝这个。

白琳　　（笑）谢谢。桌子上这么多菜，我都吃不过来了！

史强生　王先生，我敬您一杯，感谢您和各位的热情招待！

王国安　好，我们一起干一杯。预祝我们的合作圆满成功！

出席 chūxí 출석하다, 참석하다

举行 jǔxíng 거행하다, 열다

局长 júzhǎng 국장

布置 bùzhì 장식하다, 꾸미다

之一 zhīyī ~중 하나

时差 shíchā 시차

入席 rù xí 자리에 앉다

上座 shàngzuò 상석

陪 péi 동반하다, 모시다

领导 lǐngdǎo 지도자, 지도하다

贵宾 guìbīn 귀빈

随便 suíbiàn 마음대로, 자유롭게

干杯 gān bēi 건배하다

接风 jiēfēng 연회를 베풀다

葡萄酒 pútaojiǔ 포도주, 와인

有朋自远方来，不亦乐乎 yǒu péng zì yuǎnfāng lái, bú yì lè hū 멀리서 친구가 찾아오니, 이 또한 즐겁지 아니한가?

冷盘 lěngpán 냉채

大菜 dàcài 주 요리

尝 cháng 맛 보다

公筷 gōngkuài 공용 젓가락 [음식을 개인 접시에 덜 때 사용하는 젓가락]

筷子 kuàizi 젓가락

夹菜 jiā cài 음식을 집다

上菜 shàng cài 음식을 가져오다, 음식을 올리다

特色菜 tèsècài 특별 요리

嗯 ǹg 응, 그래 [동의나 만족을 표현함]

既然 jìrán 이미 이렇게 된 바에야

敬 jìng 공경하다, (음식이나 물건을) 공손히 드리다

招待 zhāodài 초대하다, 접대하다

预祝 yùzhù 축원하다

圆满 yuánmǎn 원만하다, 충분하다

成功 chénggōng 성공하다

고유명사

外贸局 wàimàojú 외무국

茅台酒 Máotái Jiǔ 마오타이주 [술 이름]

孔子 Kǒngzǐ 공자

① **······之一** ~중 하나

'······是······之一(~은 ~ 중의 하나이다)'의 형식으로 많이 쓰인다. 이런 문형에서는 '之' 대신 '的'가 쓰일 수 없다.

▪ 这是北京最有名的饭店之一。
▪ 我们公司是中国有名的外贸公司之一。

② **虽然······, 但是/可是······** 비록 ~이지만, ~하다

전환 관계를 나타낸다. '虽然'은 문장 맨 앞이나 주어의 뒤에 올 수 있지만, '但是'는 반드시 뒤 절의 가장 앞에 놓여야 한다.

▪ 虽然有一点儿时差, 但是昨天休息得很好。
▪ 这家旅馆虽然很贵, 可是服务非常好。

③ **既然······, 就······** 기왕 ~하다면

'既然'은 이미 알고 있는 사실을 전제로 어떤 결론을 추론해 낼 때 쓰인다. 뒤 절에 보통 '就'가 호응한다.

▪ 既然好吃, 就多吃一些!
▪ 既然累了, 你就休息休息吧。

④ **这么多······, (我)都+동사+不过来了** ~가 너무 많아서 (나는) ~할 수 없다

'过来'를 사용하여 시간이나 능력, 수량이 충분함을 나타낼 수 있다. '不+过来'는 동사나 형용사 뒤에 놓여, 해야 하는 일을 해낼 수 없음을 나타낸다.

▪ 这么多菜, 我都吃不过来了!
▪ 买了这么多东西, 我们都拿不过来了!

中国人的宴会 _ 중국인의 연회

中国菜闻名世界，"吃在中国"自然也是一件非常重要的事。中国人的宴会总是非常丰盛。据说著名的满汉全席有一百多道菜。就是普通的宴会，也有十多道菜。在宴会上，贵宾和主人被安排在上座。一般来说，面对着门或入口的座位是上座。宴会当然少不了酒。"干杯"的意思是喝完你杯子里的酒。不过，如果你不想马上就醉，最好不要把酒一口气喝下去。因为中国人习惯先喝酒、吃菜，再吃饭、喝汤，所以上菜的次序是先上冷盘，再上热炒和大菜，最后是米饭、汤和甜点。老一辈的中国人还有一个习惯，就是主人应该给客人夹菜。这既代表真诚，又说明主人好客。如果你不习惯这种做法，你可以对主人说："谢谢，让我自己来。"

단어 TRACK **05-07**

闻名 wénmíng 유명하다, 명성을 듣다	**醉** zuì 취하다, 취하게 하다
自然 zìrán 물론, 자연히	**一口气** yìkǒuqì 단숨에, 한번에
据说 jùshuō 듣건대, 말하는 바에 의하면	**次序** cìxù 순서
道 dào 가지, 종류 [요리를 세는 양사]	**热炒** rèchǎo 볶음 요리
普通 pǔtōng 보통이다, 일반적이다	**甜点** tiándiǎn 후식
面对 miànduì 마주 보다, 직접 대면하다	**老一辈** lǎoyíbèi 이전 세대
入口 rùkǒu 입구	**真诚** zhēnchéng 성실하다, 진실하다
座位 zuòwèi 자리, 좌석	**好客** hàokè 손님 접대를 좋아하다

고유명사

满汉全席 Mǎn-Hàn Quánxí 만한전석 [청대 궁중에서 가장 풍성하고 중요하게 열린 연회를 말함. 만주풍의 요리와 한족풍의 요리를 함께 갖춘 호화 연회석]

1 **据说……** 듣자 하니 ~라고 하던데

보통 다른 사람의 말을 인용하거나 말의 출처가 있지만 말하기를 꺼릴 때 쓰인다. '据说'는 주어를 가지지 않으며, 문장 속에서 삽입어로 쓰인다.

▪ 据说著名的满汉全席有一百多道菜。

▪ 据王总说，美国贸易代表团明天要来我们公司参观。

2 **就是……，也……** 설사 ~하더라도

'就是'는 가정이나 양보절을 이끌며 뒤에 '也'가 와서 호응한다.

▪ 在中国，就是普通的宴会，也有十多道菜。

▪ 就是你很忙，也应该给他打一个电话。

3 **把+목적어+一口气+동사+보어** ~을 단숨에 ~하다

'一口气'는 '단숨에'라는 뜻으로, 끊김이 없이 연속적으로 한 가지 일을 하는 경우에 사용한다.

▪ 你最好不要把酒一口气喝下去。

▪ 我们把这些事一口气做完了再休息，好不好?

4 **先……，再……，最后……** 먼저 ~한 다음 ~하고, 마지막으로 ~하다

동작의 순서를 나타내는 문형이다.

▪ 中国人习惯先喝酒、吃菜，再吃饭，最后喝汤。

▪ 明天的日程安排是先参观工厂，再参加宴会，最后看电影。

I

어휘 연습

1 주어진 단어를 중국어로 해석하고, 그 단어를 이용하여 문장을 만들어 보세요.

> **频繁:** 很多很多次 → 李经理频繁地给对方打电话，总算把事情安排好了。

(1) 上座 : _____

(2) 时差 : _____

(3) 贵宾 : _____

(4) 入席 : _____

(5) 真诚 : _____

(6) 闻名 : _____

2 '接风'이란 무엇입니까? 중국인들은 언제 '接风'하는지 중국어로 설명해 보세요.

_____

II

핵심 문형 연습 1

1 '……之一'를 이용하여 주어진 내용을 중국어로 말해 보세요.

(1) 一个中国最有名的菜

_____

(2) 一个最重要的中国节日

_____

2 '虽然……，但是……'를 이용하여 요청이나 초대를 정중히 거절해 보세요.

(1) 主人请你喝有名的中国酒。你说:

_____

(2) 你到中国洽谈生意。有一家中国公司的总裁要给你接风，可是你不想跟这家
公司做生意。所以你(客气地)说:

_____

3 '既然……，就……'를 이용하여 문장을 완성해 보세요.

(1) 既然你觉得有时差，_____

(2) 既然您是贵宾，_____

(3) 既然大家都是老朋友，_____

4 '这么多……(我)都+동사+不过来了'를 이용하여 문장을 완성해 보세요.

(1) 这么多工作，我都_____

(2) 这么多电话，白小姐都_____

(3) 这么多问题，李经理都_____

III

▶ 핵심 문형 연습 2

1 '据说'를 이용하여 질문에 답해 보세요.

(1) 请问有哪些外国大公司在中国做生意?

_____

(2) 你听说过满汉全席吗? 你知道满汉全席有多少道菜吗?

_____

(3) 你知道中国宴会的上菜次序吗?

_____

2 주어진 문장을 '就是……，也……'를 이용한 문장으로 바꾸어 써 보세요.

(1) 茅台酒非常有名，即使在美国也有很多人知道。

_____

(2) 这个月王总非常忙，星期六也常常在工作。

_____

(3) 即使我不太会喝酒，也一定要尝尝。

_____

3 '把+목적어+一口气+동사+보어'를 이용한 문장을 완성해 보세요.

(1) 钱厂长非常饿。他把_____一口气(都)吃完了。

(2) 白小姐醉了。因为她把_____一口气(都)喝下去了！

(3) 今天的会谈很顺利。双方把_____一口气(都)安排好了。

4 '先……，再……，最后……'를 이용하여 질문에 답해 보세요.

(1) 去中国以前，你有哪些事需要准备？

_____

(2) 明天史先生要和王总经理会谈。他们要谈些什么？

_____

(3) 如果你去中国旅行或者做生意，你打算怎么安排你的日程？

_____

1 본문 회화 내용을 바탕으로 질문에 답해 보세요.

(1) 哪些人参加了宴会?

(2) 谁是这次宴会的主人? 谁是主人的贵宾?

(3) 这家饭店怎么样?

(4) 王总请史先生和白小姐坐在什么地方?

(5) 马局长是谁? 他坐在哪儿? 为什么?

(6) 白小姐喝了茅台酒没有? 为什么?

(7) 为什么马局长要给客人夹菜?

(8) 王总为什么举行这个宴会?

비즈니스 + PLUS

◆ 한국인이 즐겨 찾는 중국 음식

냉채(冷盘)

凉拌黄瓜 오이무침　　凉炸花生 땅콩 튀김　　茶叶卤蛋 차엽란 [찻잎을 이용해 조린 달걀]

볶음, 주 요리(热炒和大菜)

宫保鸡丁 궁바우지딩

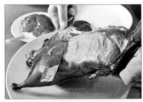
北京烤鸭 베이징카오야

麻婆豆腐 마파두부

红烧肉 홍사오러우

鱼香肉丝 위샹러우쓰

糖醋排骨 탕추파이구

식사류, 탕류(主食、汤菜类)

炒面 볶음면	小笼包 샤오룽빠오	扬州炒饭 양저우차오판
水饺 물만두	米饭 쌀밥	馒头 만터우
酸辣汤 쏸라탕	三鲜汤 삼선탕	

디저트류(甜点类)

拔丝苹果 사과 맛탕　　八宝粥 팔보죽　　玉米羹 옥수수 스프

주류(酒类)

五粮液 우량예　　竹叶青酒 죽엽청주　　二锅头 이과두주

06

初步洽谈

1차 협상

今天中美两家公司的代表要举行初步洽谈。东方进出口公司为这次洽谈做了很多准备。他们首先请美方看了产品的视频介绍，接着展示了产品货样。史强生和白琳对几款新设计特别感兴趣。

오늘은 중국과 미국 양측 회사의 대표들이 1차 협상을 여는 날이다. 동방수출입회사는 이번 협상을 위해 많은 준비를 했다. 그들은 먼저 미국 측에 상품의 소개 영상을 보여 주었고, 이어서 제품 샘플을 펼쳐 보였다. 史强生과 白琳은 몇 가지 새로운 디자인에 특별히 관심을 보였다.

1 介绍产品 _ 상품 소개

TRACK **06-02**

▶ **在会议室** _ 회의실에서

王国安 史先生、白小姐，刚才我们一起看了产品视频。接下来由李经理向两位具体介绍产品和价格的情况，你们看怎么样？

史强生 好啊，我们来的目的就是要谈生意的。我很想早点儿知道贵公司今年可以提供哪些东西。

李信文 这是我们今年的产品目录。请两位过目。

史强生 李先生，这些都是今年的新设计吗？

李信文 百分之八十都是新设计，只有列在最后的是我们保留的传统产品。我还带来了一些货样，也请你们看一看。（拿货样）

白琳 嗯，真漂亮！李先生，我非常喜欢这几款设计，尤其是这件毛衣，颜色、式样都很好。

李信文 （笑）这件吗？这件是听了您上次的建议设计的。白小姐，您忘了吗？

白琳 （笑）是吗？这么说，你准备怎么谢我呢？

2 询问价格 _ 가격에 대한 질문

史强生 王总，贵公司今年推出的产品很有吸引力，尤其是这些新设计。请问，在目录上列出的价格是零售价还是批发价？

王国安 目录上的价格都是零售价。批发价要低百分之十五到百分之二十五。另外，部分新产品有特别的促销价。

白琳 李先生，我注意到有些产品在目录上没有列出价格。您可以告诉我它们的价格吗？

李信文 没有列出价格的都是试销品。(指着目录)像这条牛仔裤，这几款毛衣都是厂家试生产的。如果贵公司感兴趣，价格可以参照同类产品目前的市场价另议。

史强生 按照我了解到的情况，贵公司西装的价格好像比其他几家公司的同类产品高一些。这是为什么？

李信文 我想我们的价格稍高跟产品的质量和设计有关系，尤其是这个品牌的，很受客户欢迎。您可以再比较比较。

史强生 好吧，我想把这些资料带回去，再仔细看看。

王国安 (看手表)啊，已经十二点多了。我看我们先吃中饭，然后再继续谈吧。

白琳 (开玩笑)我同意。我的肚子已经在跟我谈判了！

初步 chūbù 처음 단계의, 시작 단계의

视频 shìpín 영상

展示 zhǎnshì 보여 주다, 전시하다

款 kuǎn 양식, 조항

设计 shèjì 디자인(하다)

兴趣 xìngqù 관심, 흥미

由 yóu ～에 의해, ～부터

价格 jiàgé 가격

目录 mùlù 목록, 카탈로그

过目 guò mù 훑어보다

百分之…… bǎifēnzhī…… 백분의 ～, ～%

保留 bǎoliú 유보하다, 보존하다, 보류하다

传统 chuántǒng 전통

式样 shìyàng 모양, 스타일

建议 jiànyì 건의하다

询问 xúnwèn 질문하다

推出 tuīchū 내놓다, 출시하다

吸引力 xīyǐnlì 흡인력, 매력

吸引 xīyǐn 흡인하다, 끌어당기다, 매료시키다

零售价 língshòujià 소매가격

批发价 pīfājià 도매가격

促销价 cùxiāojià 세일가, 특별가

试销品 shìxiāopǐn 시판품

牛仔裤 niúzǎikù 청바지

厂家 chǎngjiā 제조업자

试生产 shìshēngchǎn 시험 생산

参照 cānzhào 참조하다, 참고하다

同类 tónglèi 동류, 동종

市场价 shìchǎngjià 시장 가격

市场 shìchǎng 시장

另议 lìngyì 따로 상의하다

按照 ànzhào ～에 따라, ～에 근거하여

西装 xīzhuāng 양장, 양복

质量 zhìliàng 품질

品牌 pǐnpái 브랜드

客户 kèhù 고객

资料 zīliào 자료

仔细 zǐxì 자세하다, 꼼꼼하다

1 **对……感兴趣** ~에 흥미가 있다, ~에 관심이 있다

부정 형식은 '对……不感兴趣'로 쓴다.

- 我对这些新设计特别感兴趣。
- 美国代表团对今年的交易会很感兴趣。

2 **由A(사람)+동사+B(사물)** A가 B를 ~하다

전치사 '由'는 동작의 주체를 이끌어 내는 역할을 한다.

- 今天由李经理向美国代表介绍产品和价格的情况。
- 明天由张小姐去酒店接你们。

3 **按照……** ~에 따라서, ~에 근거하여

'按照'는 뒤에 명사목적어(절)를 수반하며, 근거를 제시할 때 쓰는 표현이다. 명사목적어의 음절수에 따라 '按'만 쓰기도 한다.

- 按照我了解到的情况，贵公司西装的价格好像比其他几家公司的同类产品高一些。
- 按照贵公司的建议，我们保留了几种传统的设计。

4 **跟……有关系** ~와 관계있다

'跟' 뒤에는 동작과 관련된 대상이 나온다.

- 这种产品的价格跟质量和设计有关系。
- 每天都这么忙跟我们的日程安排有关系。

货比三家不吃亏 _ 세 군데는 비교해 봐야 손해 보지 않는다　TRACK 06-06

　　无论是买东西，还是做生意，价格都是买主和卖主最关心的事之一。中国有句老话，叫做"货比三家不吃亏"。意思是如果你想买东西，最好多去几家商店，比较比较它们的价钱和质量。只有这样才不会吃亏上当，才能买到又便宜又满意的好东西。

　　自从1979年实行改革开放政策以后，中国的市场经济有了很大的发展。在商品的价格、质量和品种上，顾客都有了更多的选择。市场竞争一方面带来了更多的机会，一方面也带来了更多的挑战。如果你打算到中国去做生意，一定要事先了解中国的市场行情，充分掌握有关信息。《孙子兵法》上说，"知己知彼"，才能成功。做生意也是这样。

단어 TRACK **06-07**

货 huò 물건, 상품

吃亏 chī kuī 손해 보다

买主 mǎizhǔ 사는 사람, 매입자

卖主 màizhǔ 파는 사람, 판매자

老话 lǎohuà 옛말, 속담, 옛날이야기

价钱 jiàqián 가격

只有 zhǐyǒu 오직

上当 shàng dàng 속다, 꾐에 빠지다

自从 zìcóng ~이래로

实行 shíxíng 실행하다

改革 gǎigé 개혁(하다)

开放 kāifàng 개방하다

政策 zhèngcè 정책

市场经济 shìchǎng jīngjì 시장 경제

品种 pǐnzhǒng 품종

顾客 gùkè 고객, 손님

选择 xuǎnzé 선택(하다)

竞争 jìngzhēng 경쟁(하다)

一方面 yì fāngmiàn 한편으로 ~하면서

挑战 tiǎozhàn 도전(하다)

行情 hángqíng 시장 가격, 시세

充分 chōngfèn 충분히, 완전히

有关 yǒuguān ~와 관련이 있다

信息 xìnxī 정보

知己知彼 zhījǐ-zhībǐ 지피지기, 적의 사정과 나의 사정을 자세히 앎

고유명사

改革开放政策 Gǎigé Kāifàng Zhèngcè 개혁·개방 정책 [1979년에 실시. 중국 경제 발전의 시초]

孙子兵法 Sūnzǐ Bīngfǎ 손자병법

비즈니스 NOTE

의류 수출입 회사의 상품 카탈로그 예시

编号	品名	生产厂家	品牌	价格(元)/打
01	T恤衫	南海迪泰针织毛衫有限公司	泰迪	600.00
02	圆领条纹衫	南海迪泰针织毛衫有限公司	泰迪	960.00
03	女衬衫	广东汕头纺织品进出口公司	金花	1440.00
04	男衬衫	广东汕头纺织品进出口公司	金花	1800.00
05	针织羊毛衫	上海爱达针织制衣公司	爱达	2400.00
06	纯羊毛休闲衫	上海爱达针织制衣公司	爱达	3000.00
07	女式大衣	长城四季时装有限公司	四季	5400.00

1 只有……才…… (반드시) ~해야만 비로소 ~하다

'只有' 뒤에 유일한 조건이 제시되고, '才' 뒤에 그 조건에 대한 결과가 나온다.

- 只有这样才不会吃亏上当。
- 只有看了货样以后，我们才能做出决定。

2 又……又…… ~하고 ~하다

'又' 뒤의 상황들이 병존함을 나타낸다.

- 多去几家商店，比较比较它们的价钱，你才能买到又便宜又满意的好东西。
- 这次来中国，我们又要谈生意，又要参观考察。

3 自从…… 以后 ~이후로부터

'自从' 뒤에는 과거 시제만 올 수 있다.

- 自从实行改革开放政策以后，中国的市场经济有了很大的发展。
- 自从来到中国以后，史先生每天都说中文。

4 在……上 ~상에서, ~면에 있어서

주로 '어떤 측면'을 나타낸다.

- 在商品的价格、质量和品种上，顾客都有了更多的选择。
- 在式样上，贵公司今年推出的新设计非常有吸引力。

5 一方面……，一方面…… 한편으로 ~하면서, 또 한편으로 ~하다

서로 관련 있는 두 가지 상황을 열거하거나, 한 사물이 가지는 두 가지 측면을 나타낸다.

- 市场竞争一方面带来了更多的机会，一方面也带来了更多的挑战。
- 今年我们一方面保留了一些传统产品，一方面也推出了一些新设计。

I

어휘 연습

1 주어진 단어를 중국어로 해석해 보세요.

> 频繁 : 很多很多次

(1) 初步 : ＿＿＿＿＿＿＿＿＿＿＿＿＿＿＿＿＿＿

(2) 另议 : ＿＿＿＿＿＿＿＿＿＿＿＿＿＿＿＿＿＿

(3) 零售价 : ＿＿＿＿＿＿＿＿＿＿＿＿＿＿＿＿

(4) 吃亏 : ＿＿＿＿＿＿＿＿＿＿＿＿＿＿＿＿＿

2 주어진 단어의 반의어를 써 보세요.

> 传统 ⟷ 新潮

(1) 批发价 ⟷ ＿＿＿＿＿＿＿＿＿　　(2) 推出 ⟷ ＿＿＿＿＿＿＿＿＿

(3) 询问 ⟷ ＿＿＿＿＿＿＿＿＿　　(4) 买主 ⟷ ＿＿＿＿＿＿＿＿＿

II

핵심 문형 연습 1

1 '对……感兴趣'를 이용하여 질문에 답해 보세요.

(1) 这是我们的产品目录，请过目。请问，贵公司对哪些产品感兴趣?

＿＿＿＿＿＿＿＿＿＿＿＿＿＿＿＿＿＿＿＿＿＿＿＿＿＿＿＿＿＿＿＿

(2) 您喜欢这款新设计还是喜欢那款传统的设计?

＿＿＿＿＿＿＿＿＿＿＿＿＿＿＿＿＿＿＿＿＿＿＿＿＿＿＿＿＿＿＿＿

2 한 외국 무역 대표단에게 앞으로 며칠간의 그들의 일정을 설명한다고 가정하고, '由A+동사 +B'를 이용하여 누가 그들에게 회사의 상황과 상품을 소개하고, 누가 그들을 데리고 공장 을 참관할 예정이며, 누가 그들과 함께 경제특구를 돌아볼 것인지 말해 보세요.

(1) _____

(2) _____

(3) _____

3 '按照'를 이용한 문장을 완성해 보세요.

(1) 按照日程安排, _____

(2) 按照贵公司的建议, _____

4 '跟……有关系'를 이용하여 질문에 답해 보세요.

(1) 为什么王总经理这几天特别忙?

_____

(2) 为什么美国公司的那位总裁先生好像不太高兴?

_____

III

핵심 문형 연습 2

1 '只有……才'를 이용하여 질문에 답해 보세요.

(1) 选择、购买(gòumǎi, 구매하다)商品的时候, 怎样才能不吃亏上当?

_____

(2) 怎样才能提高我的中文水平?

_____

2 '又……又……'를 이용하여 질문에 답해 보세요.

(1) 你愿意用哪家公司生产的电脑？为什么？

_____

(2) 听说上次去中国，您的日程安排得很满？

_____

(3) "知己知彼"这句话是什么意思？

_____

3 주어진 요구에 맞게 '自从……以后……'를 이용하여 문장을 만들어 보세요.

(1) 说一说这几年手机设计的变化。

_____

(2) 说一说你自己的变化。

_____

4 지금 당신이 올해 자사의 신상품을 소개하고 있다고 가정하고, '在……上'을 이용하여 자사 상품이 타사의 동종 상품과 어떻게 다른지 설명해 보세요.

(1) _____

(2) _____

(3) _____

5 '一方面……，一方面……'을 이용하여 질문에 답해 보세요.

(1) 这次史先生和白小姐去中国有什么计划？

_____

(2) 你觉得市场竞争的结果是什么？

_____

1 본문 회화 내용을 바탕으로 질문에 답해 보세요.

(1) 今天中美两家公司的代表要做什么?

(2) 今年东方进出口公司的产品有多少是新设计的?

(3) 传统产品列在产品目录的什么地方?

(4) 美方代表对什么产品感兴趣?

(5) 零售价高还是批发价高? 高多少?

(6) 为什么有些产品没有列出价格? 这些产品的价格怎么决定?

(7) 为什么东方进出口公司的西装比较贵?

2 본문 독해 내용을 바탕으로 질문에 답해 보세요.

(1) "货比三家不吃亏"这句话是什么意思? 你买东西的时候这样做过吗? 为什么?

(2) 哪本书里说过"知己知彼"这句话? 这句话跟做生意有什么关系?

07

参观工厂

공장 견학

中美双方的第一次洽谈结束以后，张红陪史强生和白琳去参观了一家玩具工厂。他们公司上次订购的一批玩具就是在这儿制造的。玩具厂的管理水平和生产效率给了他们很深刻的印象。

중미 쌍방의 1차 협상이 끝난 후 张红은 史强生과 白琳을 대동하고 한 완구 공장을 견학했다. 그들이 지난번에 주문한 전동 완구가 바로 여기서 만들어졌다. 완구 공장의 관리 수준과 생산 효율 면에서 그들은 매우 깊은 인상을 받았다.

79

1 在会客室 _ 접견실에서

张红　陈厂长，您的客人到了！

陈厂长　欢迎，欢迎！欢迎光临本厂！我来自我介绍一下儿吧。我叫陈大方，是这儿的厂长。您一定就是美国国际贸易公司的史先生了！

史强生　对，我是史强生。这位是我的助理，白琳小姐。

白琳　您好，陈厂长！听张主任说，我们去年订购的一批玩具就是在这儿生产的，是吗？

陈厂长　对，对，对，我记得那批玩具是赶在圣诞节前交货的。史先生、白小姐，贵公司对那批产品满意吗？

史强生　非常满意。我们这次来，一是要对贵厂表示感谢，二是想亲眼看看贵厂的生产情况。

陈厂长　史先生，您太客气了！这样吧，我们先一起看一个视频，大致了解一下儿我们厂的情况，然后我再陪各位去生产区各个车间看看。张主任，您说怎么样？

张红　行啊！(对史强生和白琳)您二位如果有什么问题，可以随时向陈厂长提出来。他在这儿已经十多年了，非常了解厂里各方面的情况。

史·白　好！

2 在生产区 _ 생산 구역에서

陈厂长	这儿是我们厂的组装车间。产品在这儿组装好以后，再送到成品车间通过质量检验。
白琳	陈厂长，你们的车间不但管理得很好，而且设备也很先进啊！
陈厂长	哪里，哪里。我们去年从国外引进了这两条组装线。现在产量比两年前增加了三倍，不但成本降低了，而且质量也提高了。
史强生	这些正在组装的卡通玩具是要出口的吗？
陈厂长	对。这些玩具都是为迪士尼公司生产的。他们计划在今年秋季投放市场，所以催得很紧。
白琳	这些玩具太可爱了！我想它们一定会很受欢迎！
史强生	陈厂长，你们的工厂给我的印象非常好。我希望今后我们能有更多的合作。
陈厂长	那太好了！我们以后多多联系！

단어 TRACK **07-04**

订购 dìnggòu 주문하다	**自我** zìwǒ 자기 자신, 자아
批 pī 무더기	**记得** jìde 기억하고 있다
制造 zhìzào 제조하다	**赶** gǎn 서두르다, (시간에) 대다
管理 guǎnlǐ 관리(하다)	**交货** jiāo huò 납품하다, 물품을 인도하다
生产效率 shēngchǎn xiàolǜ 생산 효율	**大致** dàzhì 대략
效率 xiàolǜ 효율	**车间** chējiān 작업장
深刻 shēnkè 깊다	**提出(来)** tí chū (lái) 제기하다
印象 yìnxiàng 인상	**生产区** shēngchǎnqū 생산 구역
会客室 huìkèshì 접견실, 응접실	**组装** zǔzhuāng 조립하다
本厂 běnchǎng 이 공장, 본 공장	**成品** chéngpǐn 완제품

检验 jiǎnyàn 검사(하다)	成本 chéngběn 원가, 생산비
设备 shèbèi 설비, 시설	降低 jiàngdī 낮추다, 내리다, 인하하다
先进 xiānjìn 앞서다, 선진적이다	卡通 kǎtōng 만화, 카툰
国外 guówài 해외, 외국, 국외	投放 tóufàng (시장에 상품을) 내놓다, 출시하다
引进 yǐnjìn 들여오다, 도입하다	催 cuī 재촉하다, 독촉하다
组装线 zǔzhuāngxiàn 조립 라인	可爱 kě'ài 귀엽다, 사랑스럽다
产量 chǎnliàng 생산량	

고유명사

| 圣诞节 Shèngdànjié 크리스마스, 성탄절 |
| 迪士尼 Díshìní 디즈니 |

중국 10대 기업

1 **中国石油化工股份有限公司** 중국석유화학주식회사(SINOPEC)

2 **中国石油天然气股份有限公司** 중국석유천연가스주식회사

3 **中国建筑股份有限公司** 중국건축주식회사

4 **上海汽车集团股份有限公司** 상하이자동차그룹주식회사(SAIC MOTOR)

5 **中国平安保险(集团)股份有限公司** 중국평안보험주식회사[平安集团(약칭)]

6 **中国移动有限公司** 차이나모바일

7 **中国工商银行股份有限公司** 중국공상은행

8 **中国中铁股份有限公司** 중국철도공사

9 **中国铁建股份有限公司** 중국철도건설공사

10 **中国建设银行股份有限公司** 중국건설은행

摘自财富中文网《2017年中国企业500强排行榜(公司名单)》参考

① A给B······的印象　A가 B에게 ～한 인상을 주다
　　A给B的印象+형용사　A가 B에게 준 인상은 ～하다

- 玩具厂的管理水平和生产效率给了他们很深刻的印象。
- 你们的工厂给我的印象非常好。

② 对······满意　～에 대해 만족하다

- 贵公司对那批产品满意吗?
- 客户对交货时间不太满意。

③ 赶在······(以)前+동사　～ 전에 서둘러 ～하다

- 我记得那批玩具是赶在圣诞节前交货的。
- 我得赶在十点以前到(达)飞机场。

④ 一是······，二是······　첫째는 ～이고, 둘째는 ～이다
어떤 상황에 대한 이유를 열거할 때 차례로 쓰인다.

- 我们这次来，一是要对贵厂表示感谢，二是想亲眼看看贵厂的生产情况。
- 我买东西，一是要质量好，二是要便宜。

⑤ A比B+동사+구체적 수량 (또는 대강의 추측)　A는 B보다 ～해졌다
같은 사물의 전후 시기를 비교할 때 사용한다. '比' 다음에는 시간사가 오며, 상황의 변화를 나타내는 '了'가 온다.

- (现在的)产量比两年前增加了三倍。
- 今年的质量比去年提高了不少!

中国的企业 _ 중국의 기업

　　中国的企业大致可以分为国有企业、民营企业和外资企业几种。国有企业由中央政府或当地政府投资并进行管理。因为有国家的支持，国有企业在资金、原料、技术和销售上都有一定的优势，但是也有不少国有企业管理不善、长期亏损。中国的民营企业在最近二三十年里得到了迅速的发展，成为国有企业有力的竞争对手。目前，中国政府正在积极推动国有企业的改革，鼓励个人或私有企业承包、租赁、兼并或者购买那些效益不好的国有企业。在这一改革过程中，民营企业逐渐发展成国有民营和私有民营两种类型。在中国的外资企业主要包括外商独资企业和中外合资企业两种。很多世界五百强企业在中国都有投资。

　　中国政府的经济政策对企业有很大的影响。国有企业也好，民营企业也好，都需要按照政府的经济政策调整自己的发展计划。因为得到中国政府改革开放政策的鼓励，许多国有企业和民营企业都在积极寻求与外国企业的合作。这也是进入中国市场的一个大好机会。

企业　qǐyè　기업

分为　fēnwéi　(~으로) 나누다

国有　guóyǒu　국유

民营　mínyíng　민영

外资企业　wàizī qǐyè　외자 기업

外资　wàizī　외자

中央　zhōngyāng　중앙

政府　zhèngfǔ　정부

并　bìng　그리고, 또

支持　zhīchí　지지하다, 지원하다

资金　zījīn　자금

原料　yuánliào　원료

销售　xiāoshòu　판매하다

优势　yōushì　우세, 우위

不少　bùshǎo　적지 않다, 많다

不善　búshàn　잘하지 못하다, 좋지 않다

长期　chángqī　장기, 긴 시간

亏损　kuīsǔn　적자(나다), 손실(나다)

有力　yǒulì　유력하다, 힘이 있다

对手　duìshǒu　상대

积极　jījí　적극적이다, 열성적이다

推动　tuīdòng　추진하다

鼓励　gǔlì　격려하다, 장려하다

个人　gèrén　개인

私有　sīyǒu　사유

承包　chéngbāo　도급 맡다

租赁　zūlìn　빌려 쓰다, 세내고 빌리다

兼并　jiānbìng　합병하다

购买　gòumǎi　구입하다

效益　xiàoyì　효과와 이익

过程　guòchéng　과정

逐渐　zhújiàn　점점

类型　lèixíng　종류, 카테고리

独资企业　dúzī qǐyè　단독 자본 기업

合资企业　hézī qǐyè　합자 기업

调整　tiáozhěng　조정하다

寻求　xúnqiú　찾다

进入　jìnrù　들어가다

世界五百强(企业)　Shìjiè Wǔbǎi Qiáng (qǐyè)　(미국 경제 전문지 '포춘'이 선정하는) 글로벌 500대 기업

① **A分为/分成** A는 ~로 나뉜다

- 中国的企业大致可以分为国有企业、民营企业和外资企业几种。
- 中国的宾馆分成二星、三星、四星和五星级几种。

② **在……过程中** ~의 과정에서

- 在这一改革过程中，民营企业逐渐发展成国有民营和私有民营两种类型。
- 美方代表在谈判过程中提出了新的要求。

③ **A对B有影响** A가 B에게 영향을 주다

'대' 뒤에는 사람이나 사물 등 영향을 받는 대상이 온다.

- 中国政府的经济政策对企业有很大的影响。
- 从国外引进的这条组装线对产品质量有很大的影响。

④ **A也好，B也好** A도 좋고 B도 좋고, A든지 B든지

두 가지 이상의 상황을 병렬해 그 중 무엇이든 상관없다는 의미를 나타낸다.

- 国有企业也好，民营企业也好，都需要按照政府的经济政策调整自己的发展计划。
- 新设计的产品也好，传统产品也好，我们都生产。

I 어휘 연습

1 예시와 같이 주어진 단어에 알맞은 단어를 조합해 보세요.

购买 → 购买产品 购买汽车

(1) 降低 → _____ _____

(2) 引进 → _____ _____

(3) 调整 → _____ _____

(4) 效率 → _____ _____

II 핵심 문형 연습 1

1 'A给B……的印象' 또는 'A给B的印象+형용사'를 이용한 문장을 완성해 보세요.

(1) 这家五星旅馆的服务给我的印象_____。

　　我打算下次来上海的时候_____。

(2) 这款新设计给美方代表的印象_____，所以他们决定

　　_____。

2 '对……满意'를 이용하여 질문에 답해 보세요.

(1) 怎样才能使客户对(你的)产品满意？

_____

(2) 这次到中国访问，史先生对什么满意？对什么不满意？

_____

3 '赶在……前+동사'를 이용하여 질문에 답해 보세요.

(1) 请问李经理，这份订单我最好什么时候发出去？

_____

(2) 这张订单上的产品我们应该什么时候交货？

_____

4 주어진 요구에 맞게 '一是……，二是……'를 이용하여 문장을 만들어 보세요.

(1) 说一说明天谈判的内容。

_____

(2) 说一说他们考察那家服装厂的目的。

_____

5 'A比B+동사+了+구체적 수량 (또는 대강의 추측)'을 이용하여 작년과 올해의 생산 상황을 비교하여 설명해 보세요.

	去年	今年
成本	100,000元/万件	90,000元/万件
服装产量	320,000件/月	640,000件/月
新设计	12种	36种
质量	☹	☺

(1) _____

(2) _____

(3) _____

1   'A分为……' 또는 'A分成……'을 이용하여 질문에 답해 보세요.

    (1) 请问，这本目录上列出的价格有哪几种？

    _____

    (2) 一般说，中国的企业有哪几种？

    _____

2   'A对B有影响'을 이용하여 질문에 답해 보세요.

    (1) 你觉得什么对产品的价格有影响？

    _____

    (2) 你觉得什么对产量有影响？

    _____

3   '在……过程中'을 이용한 문장을 완성해 보세요.

    (1) 在参观玩具厂的过程中，_____

    (2) 中国在改革开放的过程中，_____

4   'A也好，B也好'를 이용하여 질문에 답해 보세요.

    (1) 您想看看样品还是参观车间？

    _____

    (2) 您的公司寻求与国有企业的合作还是与民营企业的合作？

    _____

1   본문 회화 내용을 바탕으로 질문에 답해 보세요.

(1) 张红陪史先生和白小姐去什么工厂参观?

(2) 这家工厂的厂长叫什么名字? 他在这里工作了多少年了?

(3) 美国客人为什么要参观这家工厂?

(4) 厂长说引进的组装线对生产有什么帮助?

(5) 美国客人看到的玩具是为谁生产的?

(6) 美国客人觉得这家工厂怎么样?

2   본문 독해 내용을 바탕으로 질문에 답해 보세요.

(1) 中国的国有企业一般由谁投资、管理?

(2) 国有企业有哪些优势?

(3) 对那些有问题的国有企业, 政府怎样进行改革?

(4) 无论是国有企业还是民营企业, 都要怎样调整发展计划?

(5) 为什么现在是进入中国市场的大好机会?

08

价格谈判

가격 협상

今天，中美两家公司要就今年秋季的订单进行谈判。其中，进货的价格和数量是双方谈判的关键。今天的谈判也是史强生和白琳这次来中国的主要目的之一。

오늘, 중미 양측은 올해 가을철 주문에 대한 협상을 하려고 한다. 그중 상품 수입 가격과 수량은 협상의 관건이다. 오늘의 협상은 또한 史强生과 白琳이 이번에 중국에 온 중요한 목적 중의 하나이기도 하다.

1 谈判成功 _ 협상 성공

史强生　王总，这两天参观了你们的工厂，也看了不少产品。现在我想听听你们的报盘。

王国安　好啊！不知道您对哪些产品感兴趣？

史强生　我想知道贵公司的毛衣和牛仔裤的价格。

李信文　毛衣的价格是每打三百六十美元，牛仔裤每打二百四十美元。

史强生　您说的价格包括运费吗？

李信文　是的，价格包括成本和运费。

白琳　　李先生，毛衣的报盘似乎比去年高了百分之十。这是为什么？

李信文　毛衣是我们的新设计。式样和质量都有很大的改进，成本也比去年高。我们不得不适当提高价格。

白琳　　即使是这样，三百六十美元一打还是贵了一些。我们是老客户了，能不能低一点儿，给百分之五的折扣？

王国安　百分之五恐怕不行。不过，如果贵公司订购一千打以上，我们可以给百分之二点五的折扣。

史强生　嗯，这个价格可以考虑。另外，我认为贵公司的牛仔裤价格也高了一点儿。目前生产牛仔裤的厂家很多，市场竞争很激烈。如果按这个价格进货，我们几乎就没有利润了。

李信文　可是我们的产品质量是国际公认的，在市场上是有竞争力的。

史强生　对！正是这个原因，我们才希望从贵公司进货。这样吧，毛衣和牛仔裤我们各订购两千打，都给百分之三的折扣，怎么样？

王国安　行！这个价格和数量都可以接受。薄利多销嘛。我们一言为定！

2 谈判失败 _ 협상 실패

白琳　李先生，请问这种皮夹克的报价是多少?

李信文　皮夹克是我们今年的试销品。为了打开销路，我们准备按每打一千八百美元的特价出售。

白琳　李先生，您大概不大清楚国际市场目前的行情。您的这个价格跟一些世界名牌产品的价格几乎差不多了!

李信文　白小姐，我相信我们产品的设计和质量不比某些世界名牌产品差。上个月我们和一家日本公司就是按这个价格签订了合同。不过，在没有建立知名度以前，我们愿意适当降低我们的报价。请问，您的还盘是多少呢?

白琳　如果每打在一千二百美元，我们可以考虑订购一千打。

李信文　一千二百美元一打我们太吃亏了! 我们最多降价两百块，一千六百美元一打，怎么样?

白琳　还是太贵了! 如果销路不好，我们就要赔本了。我说，咱们双方再各让价两百，一千四百美元一打，好不好?

李信文　对不起，一千六是我们的底价，不能再低了。

白琳　真遗憾! 看来我们只好另找货源了。

进货 jìn huò 상품을 사들이다, 구입하다

数量 shùliàng 수량

关键 guānjiàn 관건, 매우 중요한

报盘 bào pán 견적가, 오퍼 가격

打 dǎ 다스 [물품 12개를 한 묶음으로 하여 셀 때의 단위]

运费 yùnfèi 운송 비용

改进 gǎijìn 개진하다, 개선하다

不得不 bùdébù ~하지 않을 수 없다

适当 shìdàng 적당한

折扣 zhékòu 할인(하다), 에누리(하다)

恐怕 kǒngpà 아마도

不行 bùxíng 안 된다

以上 yǐshàng ~이상

考虑 kǎolǜ 고려하다

激烈 jīliè 격렬하다, 치열하다

几乎 jīhū 거의

利润 lìrùn 이윤

公认 gōngrèn 공인하다, 모두가 인정하다

竞争力 jìngzhēnglì 경쟁력

接受 jiēshòu 접수하다, 받아들이다

薄利多销 bólì-duōxiāo 박리다매 [이윤은 적게 남기고 물건은 많이 판매한다]

一言为定 yìyán-wéidìng 한마디로 정하다

失败 shībài 실패(하다)

皮夹克 píjiākè 가죽 재킷

报价 bào jià 입찰 가격, 오퍼 가격

销路 xiāolù 판로

特价 tèjià 특가

出售 chūshòu 팔다

名牌 míngpái 유명 브랜드

差不多 chàbuduō 비슷하다

某些 mǒuxiē 몇몇(의), 일부(의)

某 mǒu 어느, 아무

知名度 zhīmíngdù 지명도

还盘 huán pán 카운터 오퍼, 반대 신청

降价 jiàng jià 가격을 낮추다

赔本 péi běn 밑지다, 손해 보다

让价 ràng jià 값을 깎아 주다

底价 dǐjià 최저 가격

遗憾 yíhàn 유감이다

货源 huòyuán 화물이나 상품의 공급원

① **就⋯⋯进行谈判** ~에 대해 협상하다

'就' 다음에는 '进行'의 목적어가 나온다. '进行' 대신 '举行'이, '谈判' 대신 '会谈'이나 '洽谈'이 쓰이기도 한다.

- 今天，中美两家公司要就今年秋季的订单进行谈判。
- 中美政府就两国关系举行了会谈。

② **不得不** ~하지 않으면 안 된다, 어쩔 수 없이

이중 부정으로 긍정의 의미를 나타낸다. 어쩔 수 없는 상황에서 이렇게 하는 것 외에는 다른 방법이 없음을 뜻한다.

- 我们不得不适当提高价格。
- 你们的报盘太高，我们不得不另找货源。

③ **即使⋯⋯还是⋯⋯** 설령 ~한다 할지라도

가정이나 양보를 나타내며 앞 절의 내용이 어떠하든 뒤 절의 결론은 변하지 않음을 나타낸다.

- 即使是这样，三百六十美元一打还是贵了一些。
- 即使有百分之三的折扣，这个价格还是不便宜。

④ **A不比B+형용사** A는 B보다 ~하지 않다

- 我们产品的设计和质量不比某些世界名牌产品差。
- 那家公司的报价不比我们的低。

讨价还价 _ 가격 흥정

　　做生意、谈买卖总是要讨价还价。"漫天要价"的说法固然有一点儿夸张，不过它的确说明了中国人讨价还价的本领。

　　一场商业谈判的成功，常常取决于细心和耐心。开始谈判以前，认真调查市场行情，细心比较各种商品的价格，做好谈判的一切准备，这些都是取得成功的基本条件。不过，外国人到中国做生意，常常会遇到一些想不到的问题。这不但是因为文化和习惯的不同，也是因为社会制度、经济制度的不同。一个善于谈判的好手非得有耐心不可。只要你愿意理解对方，耐心地和对方交流、沟通，总能找到解决问题的办法。你在中国的生意也一定会成功。

단어　TRACK **08-07**

讨价还价 tǎojià-huánjià 흥정하다	**细心** xìxīn 세심하다
买卖 mǎimai 매매, 장사	**耐心** nàixīn 참을성이 있다, 끈기 있다
漫天要价 màntiān-yàojià 터무니없이 비싼 값을 부르다	**调查** diàochá 조사하다
说法 shuōfǎ 의견, 견해	**制度** zhìdù 제도
固然 gùrán 물론 ~지만, 물론 ~거니와	**善于** shànyú ~에 능숙하다
夸张 kuāzhāng 과장하다, 과장하여 말하다	**好手** hǎoshǒu 달인, 고수, 숙련가
的确 díquè 확실히, 정말	**非……不可** fēi……bùkě ~하지 않으면 안 된다
本领 běnlǐng 솜씨, 재능, 수완	**理解** lǐjiě 이해하다
取决 qǔjué 결정하다, 달려 있다	**交流** jiāoliú 교류(하다)
	沟通 gōutōng 교류하다, 소통하다

① **固然……，不过……** 물론 ~하긴 하지만

앞 절의 사실을 확인하고 이어서 뒤 절의 사실도 인정할 때 쓰인다.

- 这种说法固然有一点儿夸张，不过它的确说明了中国人讨价还价的本领。
- 您的产品固然不错，不过价格贵了一些。

② **取决于……** ~에 달려 있다

'取决于' 다음에는 반드시 목적어가 온다. 아래 예문은 명사목적어가 온 경우이다.

- 一场商业谈判的成功，常常取决于细心和耐心。
- 我们这次能订购多少，完全取决于市场行情。

③ **善于……** ~에 능숙하다, ~를 잘한다

- 一个善于谈判的好手非得有耐心不可。
- 李经理非常善于跟外国人做生意。

④ **非……不可** ~하지 않으면 안 된다

'반드시 그래야 함'을 나타낸다. '非' 뒤에는 대개 동사구가 오지만 절이나 사람을 나타내는 명사가 올 수도 있다. 또한 '非' 뒤에 '得'가 오는 경우도 있다.

- 如果你想买到又便宜又好的东西，你非得多看几家商店不可。
- 明天我非要问他这个问题不可！

1 이번 과와 6과의 새 단어를 참고하여 '가격'과 관련된 단어를 써 보세요.

(1) _____   (2) _____   (3) _____

(4) _____   (5) _____   (6) _____

(7) _____   (8) _____   (9) _____

2 주어진 단어들 중에서 빈칸에 알맞은 단어를 골라 문장을 완성해 보세요.

> 零售价　让价　底价　漫天要价　讨价还价　利润　赔本　报价
> 报盘　还盘　降低　特价　折扣　货源　行情　竞争力　降价

(1) 按国际市场这种产品的_____，贵公司的_____完全没有_____。

(2) 您是我们的老客户了，我方愿意适当_____价格。请问您的_____是多少呢?

(3) 如果您这样_____的话，我们只好另找_____了。

(4) _____这么低，_____已经很少了。我们不能再_____了。

1 '就……进行谈判'을 이용하여 질문에 답해 보세요.

(1) 请问，这次美国贸易代表团来中国的目的是什么?

_____

(2) 经理，请问明天我们要跟客户谈什么？

___

2 '不得不'를 이용하여 질문에 답해 보세요.

(1) 请问，贵公司的这种产品的报价为什么比上个月高了百分之十五？

___

(2) 贵公司是我们的老客户了，可是为什么这次决定跟日本公司签订合同？

___

(3) 做生意要有利润，可是为什么很多商店愿意给老顾客折扣呢？

___

3 '即使……还是……'를 이용하여 질문에 답해 보세요.

(1) 如果我方同意让价百分之五，贵公司能增加进货数量吗？

___

(2) 我们的产品是世界公认的名牌，您再考虑考虑吧？

___

(3) 让价这么多，您恐怕没有利润了吧？

___

4 'A不比B+형용사'를 사용하여 주어진 문장을 중국어로 말해 보세요.

(1) 비록 내 중국어 실력은 별로 좋지 않지만 나의 상사의 중국어보다 더 나쁘지는 않습니다.

___

(2) 요즘 중국을 여행할 때 기차를 타는 것은 매우 편리합니다. 때로는 기차를 타는 것이 비행기를 타는 것보다 결코 느리지 않아요.

___

1 '固然……，不过……'를 이용하여 질문에 답해 보세요.

(1) 这种产品的式样和质量都有了改进，您愿意进货吗?

_____

(2) 听说李先生非常善于讨价还价，可是为什么没有谈成那笔生意呢?

_____

2 '取决于……'를 이용하여 질문에 답해 보세요.

(1) 什么是商业谈判成功的关键?

_____

(2) 你认为外国企业怎样才能在中国取得成功?

_____

3 '善于……'를 이용하여 질문에 답해 보세요.

(1) 在生意上，什么样的助手是好助手?

_____

(2) 为什么公司这次让李先生去美国洽谈业务?

_____

4 '非……不可'를 이용하여 질문에 답해 보세요.

(1) 为什么某些名牌商品有时候也会大打折扣?

_____

(2) 要想让对方多订购一些我们的产品，我们应该怎么办?

_____

(3) 今天李先生为什么好像特别忙?

_____

1 본문 회화 내용을 바탕으로 질문에 답해 보세요.

⑴ 这次双方代表谈判的关键是什么?

⑵ 美方对哪些产品感兴趣?

⑶ 牛仔裤的报盘是多少? 这个价格包括运费吗?

⑷ 为什么今年中方提高了毛衣的价格?

⑸ 皮夹克的报价是多少?

⑹ 中方为什么愿意适当降低皮夹克的报价?

⑺ 对皮夹克的价格, 美方的第一次还盘是多少? 第二次还盘是多少?

⑻ 中方皮夹克的底价是多少?

⑼ 美方最后决定买什么? 买多少? 有折扣没有?

⑽ 美方最后决定不买什么? 为什么?

◆ 견적서 예시

彩虹电子公司彩色电视机产品报盘

××××公司:

　　7月20日来函收悉。感谢贵公司对我电视机产品的良好评价。现按贵方要求报盘如下:

品牌	型号	价格(美元)/台
彩虹	19寸彩色	120.00
彩虹	25寸彩色	170.00
彩虹	32寸彩色	200.00
彩虹	32寸彩色立体声	250.00

付款方式: 即期信用证，美元支付。证到后七天内装运。

望以上报盘能为贵方接受，并盼早日收到贵公司的订单。

彩虹电子公司

7月30日

09

交货和付款

물품 인도와 지급

通过前两天的洽谈，中美双方已经初步商定了新订单。现在，交货时间和付款方式是他们最关心的问题。今天上午双方要就这些问题举行进一步的会谈。

지난 며칠간의 협상을 통해 중미 양측은 새 주문에 대한 사항들을 대체적으로 결정했다. 이제 그들이 가장 관심을 갖는 것은 물품 인도 시기와 지급 방식이다. 오늘 오전 양측은 이 문제들을 놓고 보다 진일보한 회담을 연다.

① 交货时间 _ 물품 인도 시기

史强生 我想今天我们应该讨论这批订单的交货时间问题。

李信文 好。不知道您对交货时间有什么具体要求？

史强生 您知道服装的季节性很强。这次我们向贵公司订购的毛衣和牛仔裤，都要在今年秋季投放市场。李先生，您能在八月上旬交货吗？

李信文 八月上旬？史先生，您不是开玩笑吧？去年我们是九月才交货的。我们目前的生产计划已经安排满了。

史强生 （认真地）不是开玩笑。九月、十月是毛衣的销售旺季。去年我们的商品比别人晚进入市场两个星期，结果吃了亏。今年我可不想再错过机会了。

李信文 可是要我们马上调整生产计划、增加产量确实有困难。

白琳 李先生，我知道这个交货时间的确是紧了一些，可是我们也有我们的难处啊。李先生，咱们是老朋友了，请您帮帮忙、想想办法吧。

李信文 白小姐，我是想帮您的忙，也想帮自己的忙，可是要提前一个多月交货实在不太容易。

白琳 我有一个想法。我们能不能把这些服装分成两次交货？八月上旬交一半，九月上旬交另外一半。Johnson，你觉得行吗？

史强生 嗯，这是一个解决的办法。李先生，您说呢？

李信文 让我考虑考虑……我得给王总打个电话。我们先休息一下儿吧。

史·白 好！

② 付款方式 _ 지급 방식

李信文 对不起，让你们久等了。刚才我跟王总联系了一下儿。我们可以接受分两次交货的安排……

史强生 那太好了！谢谢！

李信文 不过，我必须说明我们对付款方式的要求。

史强生 当然，我也很关心这个问题。请问，贵公司打算采用哪种方式？

李信文 我们一般采用信用证付款方式。但是这次贵方要求提前交货，这对我们的资金周转有一定影响，所以我们要求贵公司预付百分之三十的货款，其余的货款采用即期信用证。

史强生 百分之三十的预付货款，我可以通过美国花旗银行电汇给您。其余的货款，我们是不是可以采用承兑交单或者其他的分期付款方式？

李信文 很抱歉，我们目前不接受这些付款方式。为了不影响交货时间，请您务必在装运前三十天开出信用证。

白琳 李先生，您可真厉害！说到钱，您一点儿情面也不讲！

李信文 （笑）您没听过这样一句中国话吗？"亲兄弟，明算账"嘛！

白琳 （笑）不对！您这是"一手交钱，一手交货"！

付款 fù kuǎn 돈을 지급하다

通过 tōngguò ~을 통해, ~을 거쳐

商定 shāngdìng 상의하여 결정하다

方式 fāngshì 방식, 일정한 형식

进一步 jìnyíbù 진일보하다, 한 걸음 더 나아가다

季节性 jìjiéxìng 계절성

季节 jìjié 계절, 철

强 qiáng 강하다

上旬 shàngxún 상순, 초순

旬 xún 순, 열흘간

开玩笑 kāi wánxiào 농담하다

旺季 wàngjì 성수기

错过 cuòguò (기회 등을) 놓치다

难处 nánchù 어려움, 문제, 고충

提前 tíqián (예정된 시간이나 기한을) 앞당기다

实在 shízài 실제로, 사실상

想法 xiǎngfǎ 방법을 생각하다, 생각, 의견

分成 fēnchéng 나누다

采用 cǎiyòng 채용하다, 채택하다

信用证 xìnyòngzhèng 신용장

信用 xìnyòng 신용

资金周转 zījīn zhōuzhuǎn 자금 유통

预付 yùfù 미리 지급하다

货款 huòkuǎn 상품 대금, 물품 대금

其余 qíyú 나머지, 남은 것

即期信用证 jíqī xìnyòngzhèng 일람출급신용장, sight L/C

电汇 diànhuì 전신환, T/T

承兑交单 chéngduì jiāodān D/A, 인수 인도 조건, 인수도 방식

分期付款 fēn qī fù kuǎn 정기 분할 지급

抱歉 bàoqiàn 미안하게 생각하다, 죄송하다

务必 wùbì 반드시, 꼭

装运 zhuāngyùn 실어 나르다

开出 kāichū (계산서, 영수증 등을) 발급하다

厉害 lìhai 대단하다

说到 shuōdào 언급하다

不讲情面 bùjiǎng qíngmiàn 인정사정 보지 않다

情面 qíngmiàn 안면, 정실 관계, 체면

亲兄弟，明算账 qīn xiōngdì, míng suàn zhàng 친형제일수록 돈 계산은 분명히 한다

一手交钱，一手交货 yì shǒu jiāo qián, yì shǒu jiāo huò 한 손으로는 돈을 내고, 한 손으로는 물건을 건네다, 맞돈으로 사고 팔다

고유명사

花旗银行 Huāqí Yínháng 씨티은행

1 通过······ ~을 통해, ~을 거쳐

동작의 매개나 수단을 이끈다.

- 通过前两天的洽谈，中美双方已经初步商定了新订单。
- 通过这次访问，史先生交了很多新朋友。

2 (你)对 ······有什么要求? （당신은） ~에 어떤 요구사항이 있습니까?

- 您对交货时间有什么具体要求？
- 请问，贵公司对我们的产品质量还有什么要求？

3 (你)不是······吧? （당신） ~하는 거 아니죠?

'不是'를 사용한 부정의문문의 어기조사 '吧'는 단순한 질문이 아닌 추측의 어기를 나타낸다.

- 您不是开玩笑吧？
- 那家公司不是把我们的订单忘了吧？

4 A比B早/晚+동사+시간 B는 A보다 ~(시간)만큼 늦게/빨리 ~했다

- 去年我们的商品比别人晚进入市场两个星期。
- 对不起，日本公司的报盘比您的报盘早到了几天，我们已经签订了合同。

5 把A分成······ A를 ~으로 나누다

A에는 '分成'의 목적어가 온다. 일반적으로 목적어는 대개 동사 뒤에 오지만 '把'를 써서 도치할 수 있다.

- 我们能不能把这些服装分成两次交货？
- 我们可以采用分期付款的方式，把这批货款分成六个月付。

6 说到······ ~을 언급하니, ~을 말하니

'说到' 다음에는 화제가 나온다. 이야기의 화제가 옮겨 왔음을 나타낸다.

- 说到钱，您一点儿情面也不讲！
- 说到那些皮夹克的质量，这位客户变得很生气。

中国的银行和人民币 _ 중국의 은행과 인민폐

　　中国的国家中央银行是中国人民银行。全国性的商业银行主要分成两大类型：一类是国有商业银行，它们是中国工商银行、中国建设银行、中国农业银行和中国银行，又称"四大行"；另一类是股份制商业银行，重要的有招商银行、交通银行、浦发银行等等。外国人到中国做生意，往往都会跟这些银行中的某一家打交道。

　　中国的法定货币是人民币。它的单位分为元、角、分三种。一元等于十角，一角等于十分。人民币的面值一共有十三种：分为一百元、五十元、二十元、十元、五元、二元、一元、五角、二角、一角、五分、二分和一分。不过有些面值的人民币已经很少使用了。目前，人民币仅限于中国国内流通使用。在对外贸易中，中外双方一般使用美元、日元、欧元、英镑等国际通行的硬通货进行结算；使用汇付、托收、信用证等国际通行的方式支付货款。2001年，中国正式加入世界贸易组织。随着经济的迅速发展和金融改革，中国开始尝试在国际贸易中用人民币结算。不少中国商业银行都已进入了海外金融市场。2015年国际货币基金组织宣布人民币成为它的国际储备货币。人民币国际化的步伐正在逐渐加快。

全国性 quánguóxìng 전국적인

类 lèi 종류

称 chēng ~라 부르다

股份制 gǔfènzhì 주주 제도, 주식제

打交道 dǎ jiāodào 거래하다, 접촉하다

法定 fǎdìng 법으로 규정된, 법정의

货币 huòbì 화폐

单位 dānwèi 단위

等于 děngyú ~와 같다

面值 miànzhí 액면(가격)

仅 jǐn 다만, 단지

限于 xiànyú (~에) 한하다, (어떤 범위로) 한정되다

国内 guónèi 국내

流通 liútōng (상품·화폐 따위의) 유통, 유통하다

对外 duìwài 대외

日元 rìyuán 엔 [일본의 화폐 단위]

欧元 ōuyuán 유로 [EU의 화폐 단위]

英镑 yīngbàng 파운드 [영국의 화폐 단위]

通行 tōngxíng 다니다, 통용되다

硬通货 yìngtōnghuò 경화 [달러와 같이 국제적으로 널리 통용되는 통화. hard currency]

结算 jiésuàn 결산(하다)

汇付 huìfù 환(换)으로 지급하다

托收 tuōshōu 추심

支付 zhīfù 지급하다, 결제하다

加入 jiārù 가입하다

随着 suízhe ~에 따라서

金融 jīnróng 금융

尝试 chángshì 시도하다

海外 hǎiwài 해외

宣布 xuānbù 선포하다

储备 chǔbèi 비축하다

储备货币 chǔbèi huòbì 비축 화폐

国际化 guójìhuà 국제화

步伐 bùfá 발걸음

加快 jiākuài 빨라지다, 박차를 가하다

고유명사

中国人民银行 Zhōngguó Rénmín Yínháng 중국인민은행

中国工商银行 Zhōngguó Gōngshāng Yínháng 중국공상은행

中国建设银行 Zhōngguó Jiànshè Yínháng 중국건설은행

中国农业银行 Zhōngguó Nóngyè Yínháng 중국농업은행

中国银行 Zhōngguó Yínháng 중국은행

招商银行 Zhāoshāng Yínháng 초상은행

交通银行 Jiāotōng Yínháng 교통은행

浦发银行 Pǔfā Yínháng 상하이푸동발전은행(上海浦东发展银行)

世界贸易组织 Shìjiè Màoyì Zǔzhī 세계무역기구(WTO)

国际货币基金组织 Guójì Huòbì Jījīn Zǔzhī 국제통화기금(IMF)

① **跟……打交道** ~와 거래하다, ~와 접촉하다

- 外国人到中国做生意，往往都会跟这些银行中的某一家打交道。
- 跟这家公司打交道常常让我头疼。

② **仅限于** 단지 ~로 제한한다

'仅限于'는 반드시 명사와 결합하며, 어떤 조건이나 상황이 단지 그 명사로 제한된다는 뜻이다.

- 目前，人民币仅限于中国国内流通使用。
- 信用证付款方式仅限于我们的老客户。

③ **在……中** ~과정에서, ~도중에

주로 범위나 과정을 나타낸다.

- 在对外贸易中，双方一般使用美元、日元、欧元、英镑等国际通行的硬通货进行结算。
- 在昨天的会谈中，我们讨论了很多问题。

④ **随着** ~에 따라

어떤 상황이 다른 상황과 동반하여 발생함을 나타낸다.

- 近年来随着经济的发展和金融改革，中国开始尝试在国际贸易中用人民币结算。
- 随着出口的增加，我们公司的生意越来越好。

연습 문제

I

어휘 연습

1 한어병음과 문장 내용에 맞는 한자를 써 보세요.

(1) 按照＿＿＿＿＿规定的时间，分几次付＿＿＿＿＿，这种付款＿＿＿＿＿

             hétóng   huòkuǎn   fāngshì

叫做＿＿＿＿＿付款。

        fēn qī

(2) 买方(进口商)向银行＿＿＿＿＿开出信用证，保证通过＿＿＿＿＿向卖方

                       shēnqíng   yínháng

(出口商)＿＿＿＿＿。这就是＿＿＿＿＿贸易常采用的＿＿＿＿＿付款方式。

             fù kuǎn   guójì   xìnyòngzhèng

2 질문에 중국어로 답해 보세요.

(1) 你知道哪些商品有季节性? 什么时候是它们的销售旺季?

＿＿＿＿＿＿＿＿＿＿＿＿＿＿＿＿＿＿＿＿＿＿＿＿＿＿＿＿＿＿＿

(2) 在中文里，一个月的前十天叫什么? 第二个十天呢? 最后十天呢?

＿＿＿＿＿＿＿＿＿＿＿＿＿＿＿＿＿＿＿＿＿＿＿＿＿＿＿＿＿＿＿

II

핵심 문형 연습 1

1 동방컴퓨터회사의 李 사장은 새 책임자를 구하려고 합니다. 당신이 만약 '通过……'를 이용해 질문에 답할 수 있다면 책임자가 되는 데 문제가 없을 것입니다. 질문에 답해 보세요.

(1) 你打算怎样了解市场行情?

＿＿＿＿＿＿＿＿＿＿＿＿＿＿＿＿＿＿＿＿＿＿＿＿＿＿＿＿＿＿＿

(2) 你打算怎样提高产品质量?

_____

2 당신은 한 구매자와 내년도 외투 주문에 대해 협의하고 있습니다. '对……有什么要求'를 이용하여 손님에게 아래 사항에 대해 묻고, 손님 입장에서 '说到……'를 이용하여 답해 보세요.

(1) 问题一: 毛衣的设计或式样

你: _____

客户: _____

(2) 问题二: 交货时间

你: _____

客户: _____

3 '不是……吧'를 이용하여 믿기 힘든 상황에 대한 의심스러움을 표현해 보세요.

(1) A: 上个星期陈厂长胖了十磅!

B: _____

(2) A: 真奇怪, 已经到了会谈的时间了, 为什么对方代表还没有来?

B: _____

4 'A比B早/晚+동사+시간'을 이용하여 질문에 답해 보세요.

(1) 白小姐昨天已经到达北京了。史先生明天才能到达北京。他们谁先到达北京? 早几天?

_____

(2) 合同要求七月一日交货, 可是那家公司到七月十五日才交货。交货时间晚了多少天?

_____

5 '把A分成……'을 사용하여 주어진 문장을 중국어로 말해 보세요.

(1) 저는 100만 달러를 10개월로 나누어 결제하고 싶습니다.

_____

(2) 저희 측은 이 문제를 두 차례에 걸쳐 논의하고 싶습니다.

_____

(3) 저는 회사를 두 개의 작은 회사로 분사할 계획입니다.

_____

▶ **핵심 문형 연습 2**

1 '跟……打交道'를 이용하여 질문에 답해 보세요.

(1) 一般来说，你喜欢跟什么样的人打交道？

_____

(2) 你不喜欢跟什么样的公司打交道？

_____

2 주어진 문장을 '仅限于'를 이용한 문장으로 바꾸어 써 보세요.

(1) 参加明天会议的人都是局长以上的官员。

_____

(2) 很抱歉，我们目前接受的支付方式是汇付和信用证。

_____

3 '在……中'을 이용하여 질문에 답해 보세요.

(1) 在昨天的会谈中，双方讨论了哪些问题？

_____

(2) 在双方讨论的问题中，哪个问题最重要？

_____

09_交货和付款 113

4 '随着'를 이용한 문장을 완성해 보세요.

(1) 随着_____，这家高新科技公司产品的知名度越来越高。

(2) 随着_____，这家民营企业收到的订单越来越多。

IV

독해와 작문 연습

1 본문 회화 내용을 바탕으로 질문에 답해 보세요.

(1) 今天中美双方要讨论什么问题？

(2) 美方希望中方什么时候交货？为什么？

(3) 中方有什么困难？

(4) 白琳提出来什么样的解决办法？

(5) 李经理为什么要给王总打电话？中方接受了分两次交货的建议吗？

(6) 中方要求美方怎样付款？

(7) 中方接受承兑交单的付款方式吗？

(8) 为什么白琳说李先生"可真厉害"？

◆ 신용장 견본

中国工商银行

INDUSTRIAL AND COMMERCIAL BANK OF CHINA

信 用 证（副本）

开证日期　　　年　月　日

开证申请人	全　称		受益人	全　称	
	地址、邮编			地址、邮编	
	账　号			账　号	
	开户行			开户行	

开证金额	人民币（大写）		亿 千 百 十 万 千 百 十 元 角 分
有效日期及有效地点			
通知行名称及行号			

运输方式：＿＿＿＿＿＿＿＿＿＿　交单期：＿＿＿＿＿＿

分批装运：允许 □　不允许 □　　付款方式：即期付款 □　延期付款 □　议付 □

转　运：允许 □　不允许 □

货物运输起止地：自＿＿＿＿至＿＿＿＿　议付行名称及行号：＿＿＿＿＿＿＿＿＿

最迟装运日期：＿＿＿年＿＿月＿＿日　付款期限：即期 □　运输单据日后＿＿＿＿天

货物描述：＿＿＿＿＿＿＿＿＿＿＿＿＿＿＿＿＿＿＿＿＿＿＿＿＿＿＿＿＿＿＿＿＿

受益人应提交的单据：＿＿＿＿＿＿＿＿＿＿＿＿＿＿＿＿＿＿＿＿＿＿＿＿＿＿＿

其他条款：＿＿＿＿＿＿＿＿＿＿＿＿＿＿＿＿＿＿＿＿＿＿＿＿＿＿＿＿＿＿＿＿＿
＿＿＿＿＿＿＿＿＿＿＿＿＿＿＿＿＿＿＿＿＿＿＿＿＿＿＿＿＿＿＿＿＿＿＿＿＿＿＿
＿＿＿＿＿＿＿＿＿＿＿＿＿＿＿＿＿＿＿＿＿＿＿＿＿＿＿＿＿＿＿＿＿＿＿＿＿＿＿

　　本信用证依据中国人民银行《国内信用证结算办法》和申请人的开证申请书开立。本信用证为不可撤销，不可转让信用证。我行保证在收到单证相符的单据后，履行付款的责任。如信用证系议付信用证，受益人开户行应将每次提交单据情况背书记录在正本信用证背面。

开证行地址：　　　　　　　　　邮箱：

电传：

电话：

传真：　　　　　　　编押：　　　　　　　开证行签章：

◆ 물품 주문서 예시

中国长江家电公司：

　　贵公司的报盘及货样分别于五月十日和五月二十日收到。十分感谢贵方对我方询盘迅速回复。我方愿接受贵方报盘。现随函寄去17029号订单，请按此订单细则发货是盼。

1. 商品详情：

订单编号：17029						
序号	产品名称	规格型号	数量	单价(元)	单位	金额(元)
01	超薄高清智能电视	CJ17A/32英寸	2000	1,100	台	2,200,000
02	超薄高清智能电视	CJ17L/60英寸	3000	5,600	台	16,800,000
总计金额(人民币大写)：壹仟玖佰万元整						19,000,000

2. 包装：

　　外包装用标准出口木板箱，内衬防水材料，金属片加固箱角。内包装用防震塑料泡沫打包。

3. 装运：

　　2020年7月1日前装船。起运港：中国上海；目的港：新加坡。由卖方代保水渍险。

4. 付款：

　　信用证付款。2020年7月10日前由买方通过新加坡银行开具以中国长江家电公司为收益人的不可撤销信用证。

新加坡新亚国际电子器材公司

2020年5月22日

10

销售代理

판매 대리

이 과의 **상황 check!**　　　　　　　　　　　　　　　　　TRACK **10-01**

中美双方刚刚就交货时间和付款方式达成了协议。史强生和白琳
对此都非常满意。现在双方要就东方公司作为美方在中国的销售
代理问题继续进行洽谈。

중미 쌍방은 방금 물품 인도 시기와 지급 방식에 대한 합의를 했다. 史强生과 白琳은 이에 매우 만족한다.
이제 쌍방은 동방수출입회사가 미국 측의 在중국 판매 대리가 되는 문제에 관해 계속해서 협상하고자 한다.

117

1 独家代理 _ 독점 대리

王国安 史先生、白小姐，李经理告诉我，今天上午你们就今年秋季的新订单达成了协议。我非常高兴。请问，贵公司对此满意吗？

史强生 我们对协议非常满意，尤其是我们双方能够顺利地解决了交货时间的问题，这对我们非常重要。王总经理，谢谢您的关照！

王国安 您别客气！贵公司是我们的老客户，我们应该尽力满足您的要求。

白琳 （笑）王总经理，这次我们公司可是购买了您四百多万美元的东西。您打算跟我们买点儿什么呢？

李信文 （笑）白小姐，我看您才是真厉害。告诉您，今天下午王总就是来谈在中国经销贵公司产品这件事的。

王国安 是这样的。今年我们东方公司第一次代理销售贵公司的节能空调、环保洗衣机等家用电器产品，市场销路很好。我们希望进一步扩大在这方面的合作。

史强生 好啊，这也是我们这次来中国的目的之一。王先生，您有什么具体的打算？

王国安 我们希望成为贵公司在中国的独家代理。

史强生 您知道我们目前跟广东的一家公司也有代理销售空调的协议。把独家代理权给你们恐怕会影响我们跟那家公司的其他生意。

李信文 史先生，我们公司在国内各地都有很好的销售网点。如果我们有独家代理权，一定会做得更好！

史强生 这样吧，我们可以把洗衣机的独家代理权给你们。另外，我们还有一种节能家用洗碗机，打算在中国市场试销。如果你们愿意的话，也想请贵公司独家代理。王先生、李先生，你们看怎么样？

王·李 行！一言为定！

史强生　王先生，既然贵公司将成为我们的独家代理，我们就还需要再了解一下儿贵公司的资信情况。

王国安　有关我方的资信情况，您可以向中国银行北京分行查询。

史强生　您也一定知道，作为独家代理，东方公司必须同意在我们的协议有效期之内不代理其他公司的同类产品。

王国安　对，这一点我们很清楚。

史强生　贵方想要提取多少佣金？

王国安　代理经销外国产品，我们一般提取百分之十的佣金。

史强生　百分之十太多了！我认为百分之八更合理。

王国安　如果贵公司愿意分担一半的广告费用，我们可以把佣金降低到百分之八。

史强生　贵公司能保证我们每年有多少出口额？

王国安　去年洗衣机的销售总额是两百五十万。如果独家代理，我们每年至少可以进口贵公司五百万美元的洗衣机。不过，洗碗机是第一次在中国试销。销路怎么样还不清楚。我们需要先做一个市场调查，然后才能决定。

史强生　这样吧，我们可以先签订一个一年的独家代理协议，看看我们的产品是不是受欢迎。

白琳　　我想中国的女士们一定会喜欢用洗碗机。

李信文　（笑）你错了，白小姐！在中国现在洗碗的都是男人！

达成 dáchéng 달성하다, 도달하다	洗碗机 xǐwǎnjī 식기세척기
协议 xiéyì 협의, 합의	洗碗 xǐ wǎn 설거지하다
作为 zuòwéi ~으로 삼다	资信 zīxìn 자본 신용
独家代理 dújiā dàilǐ 독점 대리	佣金 yòngjīn 수수료
关照 guānzhào 돌보다	将(要) jiāng (yào) 장차 ~하려 하다
尽力 jìnlì 힘을 다하다	查询 cháxún 문의하다, 알아보다
满足 mǎnzú 만족하다	有效期 yǒuxiàoqī 유효 기간
百万 bǎiwàn 백만	之内 zhīnèi ~의 안
经销 jīngxiāo 위탁하여 판매하다	提取 tíqǔ (돈, 물건 등을) 찾다, 뽑아내다
节能 jiénéng 에너지를 절약하다	分担 fēndān 분담하다
空调 kōngtiáo 에어컨	费用 fèiyòng 비용
环保 huánbǎo 환경보호	出口额 chūkǒu'é 수출액
洗衣机 xǐyījī 세탁기	额 é 일정한 수량
家用电器 jiāyòng diànqì 가전제품	销售总额 xiāoshòu zǒng'é 판매 총액
电器 diànqì 전기 기구, 가전제품	至少 zhìshǎo 최소한
扩大 kuòdà 확대하다, 넓히다	市场调查 shìchǎng diàochá 시장 조사
独家代理权 dújiā dàilǐquán 독점 대리권	受欢迎 shòu huānyíng 환영받다, 인기가 있다
各地 gèdì 각지, 각처	女士 nǚshì 숙녀, 부인
销售网点 xiāoshòu wǎngdiǎn 판매망	

고유명사

广东 Guǎngdōng 광둥성

1 就……达成(了)协议　～에 대해 합의를 했다, ～에 대해 합의에 이르렀다

- 中美双方刚刚就交货时间和付款方式达成了协议。
- 我们已经就明年的订单达成了协议。

2 作为……　～로 삼다, ～로서

사람의 신분이나 사물의 어떤 성질을 나타내며, '作为' 뒤에는 명사목적어가 온다.

- 今天双方要就东方公司作为美方在中国的销售代理问题进行洽谈。
- 作为中方谈判代表, 我还有一个问题。

3 可是+동사 (또는 형용사)　대단히, 아무래도

여기서 '可是'는 역접 관계를 표현하는 것이 아니라 뒤에 나오는 술어를 강조하는 표현이다.

- 王总经理, 这次我们公司可是购买了您两百多万美元的东西。
- 无论您怎么说, 这个报盘可是太高了!

4 有关……的情况　～한 상황과 관련하여

- 有关我方的资信情况, 建议您向中国银行北京分行查询。
- 我想向各位介绍一下儿有关这种产品销售代理的基本情况。

5 在……之内　～내에

'在' 뒤에는 주로 기간이 나오며 기간의 범위를 한정해 준다.

- 东方公司必须同意在我们的协议有效期之内不代理其他公司的同类产品。
- 我们将在三天之内通知您我们的决定。

外国货在中国 _ 중국에서의 외국 상품

随着中外贸易的迅速发展，越来越多的外国产品进入了中国。从衣食住行到高科技产品，中国人对外国货的兴趣越来越浓。毫无疑问，人口众多的中国是一个非常有潜力的巨大市场。外国厂商正面临着一次难得的商业机会。可是，人地生疏的外国公司在中国做生意并不是一件容易的事。进入中国市场的外国产品也有不同的命运：有的赚钱，有的赔本，有的还因为盗版产品和山寨产品而遭受经济损失。为了在中国市场的竞争中取得成功，许多外国厂商委托资信可靠的中国公司作为代理，销售它们的产品。一般说，代理可分为三种，即总代理、独家代理和普通代理。总代理可以全权代表外国厂商在代理协议商定的地区进行各种商业活动和拥有指定分代理的权利。独家代理拥有在商定地区经销指定产品的专卖权，同时不能经销其他厂家的同类产品。普通代理有生产商许可，销售指定的产品，提取佣金，但没有专卖权。因此厂商也可以签约若干个代理商同时代理销售同一产品。总之，销售代理不但可以为外国厂商提供便利的销售网点、降低产品销售成本，而且有利于迅速打开市场、建立品牌知名度。这是一种对双方都有利的商业经营方式。

단어　TRACK **10-07**

衣食住行 yī shí zhù xíng 의식주와 교통	**巨大** jùdà 거대하다
浓 nóng 짙다	**厂商** chǎngshāng 제조업자, 메이커
毫无疑问 háowú yíwèn 의문의 여지가 없다	**面临** miànlín 직면하다
人口众多 rénkǒu zhòngduō 인구가 많다	**难得** nándé 얻기 어렵다, 구하기 힘들다
人口 rénkǒu 인구	**人地生疏** rén dì shēngshū 사람과 땅이 모두 낯설다
众多 zhòngduō (인구나 문제 등이) 매우 많다	**并不** bìng bù 결코 ~이 아니다
潜力 qiánlì 잠재력	**命运** mìngyùn 운명

赚钱 zhuàn qián 돈을 벌다, 이윤을 얻다	**全权** quánquán 전권
盗版产品 dàobǎn chǎnpǐn 해적판 제품	**拥有** yōngyǒu 가지고 있다
盗版 dàobǎn 해적판을 내다	**指定** zhǐdìng 지정하다
山寨产品 shānzhài chǎnpǐn 가짜, 모조품	**分代理** fēndàilǐ 복대리, 서브 에이전시
山寨 shānzhài 모조품의, 짝퉁의	**专卖权** zhuānmàiquán 전매권, 독점 판매권
遭受 zāoshòu (불행, 손해를) 당하다	**许可** xǔkě 허가하다
损失 sǔnshī 손실, 손해	**签约** qiān yuē 체결하다
委托 wěituō 위탁하다	**若干** ruògān 약간의, 몇몇
可靠 kěkào 믿을만하다	**同一** tóngyī 동일하다, 같다
即 jí 곧, 바로, 즉	**便利** biànlì 편리하다
总代理 zǒngdàilǐ 총 대리, 에이전시	**有利** yǒulì 유리하다
普通代理 pǔtōng dàilǐ 일반 대리	

 ## 전 세계 주요 기업 및 브랜드

· **大众** Dàzhòng 폭스바겐(Volkswagen)	· **苹果公司** Píngguǒ Gōngsī 애플사
· **丰田** Fēngtián 도요타(Toyota)	· **阿里巴巴** Ālǐbābā 알리바바(Alibaba)
· **本田** Běntián 혼다(Honda)	· **佳能** Jiānéng 캐논(Canon)
· **福特** Fútè 포드(Ford)	· **奥林巴斯** Àolínbāsī 올림푸스(Olympus)
· **宝马** Bǎomǎ BMW	· **尼康** Níkāng 니콘(Nikon)
· **奥迪** Àodí 아우디(Audi)	· **通用汽车** Tōngyòng Qìchē 제너럴 모터스(GM)
· **梅赛德斯-奔驰** Méisàidésī Bēnchí	· **小米** Xiǎomǐ 샤오미
메르세데스-벤츠(Mercedes-Benz)	· **索尼** Suǒní 소니(Sony)
· **惠普** Huìpǔ 휴렛 패커드(hp)	· **松下电器** Sōngxià Diànqì 파나소닉(Panasonic)
· **英特尔** Yīngtè'ěr 인텔(Intel)	· **雀巢** Quècháo 네슬레(Nestle)
· **摩托罗拉** Mótuōluólā 모토로라(Motorola)	· **联想** Liánxiǎng 레노버(Lenovo)
· **飞利浦** Fēilìpú 필립스(Philips)	· **微软** Wēiruǎn 마이크로소프트(Microsoft)
· **诺基亚** Nuòjīyà 노키아(Nokia)	

① **从……到……** ～에서 ～까지

'从' 뒤에는 시작점이, '到' 뒤에는 종착점이 나온다. 주로 장소나 출처, 시간, 변화 등의 범위를 나타낸다.

- 从衣食住行到高科技产品，中国人对外国货的兴趣越来越浓。
- 从南到北，代表团参观了很多地方。

② **面临……** ～에 직면하다, ～에 당면하다

문제나 상황에 직면했음을 나타낸다. '面临' 뒤에 '着'가 올 수 있다.

- 外国厂商正面临着一次难得的商业机会。
- 我们的产品正面临着新的竞争。

③ **并不** 결코 ～이 아니다

'并'은 부정부사 '不', '没(有)' 앞에 놓여 부정의 어기를 강조한다.

- 在中国做生意并不是一件容易的事。
- 很抱歉，本公司并不打算签订这个合同。

④ **(……)即……** ～은 바로 ～이다

'即'는 삽입어로, 앞의 말을 설명하는 데 쓰인다.

- 代理可分为三种，即总代理、独家代理和普通代理。
- 中国的国家中央银行即中国人民银行。

⑤ **A有利于B** A는 B하는 데 유리하다

- 签约销售代理有利于迅速打开市场。
- 改革开放政策有利于中国经济的发展。

I 어휘 연습

1 예시와 같이 주어진 단어에 알맞은 단어를 조합해 보세요.

提前 → 提前付款　提前交货

(1) 达成 → _____　_____

(2) 扩大 → _____　_____

(3) 遭受 → _____　_____

(4) 面临 → _____　_____

2 주어진 단어를 중국어로 해석하고, 그 단어를 이용하여 문장을 만들어 보세요.

省力：不用花很多力气，很方便 → 这件事很省力，一点儿也不麻烦。

(1) 尽力 : _____

(2) 佣金 : _____

(3) 人地生疏 : _____

(4) 毫无疑问 : _____

II 핵심 문형 연습 1

1 '就……达成了协议'를 이용하여 질문에 답해 보세요.

(1) 在昨天的谈判中，双方就什么问题达成了协议?

_____

(2) 长城服装厂的陈厂长跟他的竞争对手就什么达成了协议?

_____

2 '作为……'를 이용하여 질문에 답해 보세요.

(1) 为什么生产厂家常常要做市场调查?

_____

(2) 外国人在中国做生意最大的问题是什么?

_____

3 화자의 어기를 강조하는 '可是'가 들어갈 알맞은 위치를 찾아 써 넣어 보세요.

(1) 那种新型空调真不便宜!

(2) A : 百分之十的佣金太高了!

B : 可是我觉得很合理。别忘了,我方分担了一半的广告费用呢!

4 기자 발표회에서 史强生 총재는 중국동방수출입회사와 새 계약을 맺었음을 발표하고 중국인 기자들의 질문에 다음과 같이 답했습니다. '有关……的情况'을 이용하여 그의 답변을 중국어로 말해 보세요.

(1) 记者: 您能告诉我们贵公司新型洗碗机的价格吗?

Mr.Smith : _____

도매가격과 소매가격에 관한 것은 저희 상품 카탈로그를 보시면 됩니다.

(2) 记者: 请问,贵公司去年的销售总额是多少?

Mr.Smith : _____

죄송합니다. 작년 판매총액에 관해서는 지금 말씀드릴 수 없습니다.

5 '在……之内'를 이용한 문장을 완성해 보세요.

(1) 本厂计划在三年之内_____

(2) 在产品的质量保证期之内,_____

핵심 문형 연습 2

1 '从……到……'를 이용한 문장으로 바꿔 보세요.

(1) 李经理这个星期每天都有会谈和宴会。

_____

(2) 进口和出口的生意，那家公司都做。

_____

2 '面临……'을 이용한 문장을 완성해 보세요.

(1) 虽然那家大型国有企业的改革面临很多困难，_____

(2) 当一家企业的发展面临挑战的时候，_____

(3) 即使面临着这样难得的商业机会，_____

3 '并不'를 이용하여 질문에 답해 보세요.

(1) 在中国家庭里，总是女士洗碗，对吗？

_____

(2) 普通代理可以全权代表厂家和享有产品专卖权，对不对？

_____

4 '……即……'를 이용하여 질문에 답해 보세요.

(1) 什么是报盘和还盘？

_____

(2) 人民币的单位分为几种？是什么？

_____

5 'A有利于B'를 이용하여 질문에 답해 보세요.

(1) 为什么很多外国厂商委托中国公司作为产品销售代理?

_____

(2) 引进最新的高科技对一个老企业有什么好处?

_____

IV

독해와 작문 연습

1 본문 회화 내용을 바탕으로 질문에 답해 보세요.

(1) 美方对什么非常满意?

(2) 为什么今天下午王总经理也来参加会谈?

(3) 王总经理希望怎样扩大跟美方的合作?

(4) 为什么美方不想把销售空调的独家代理权给东方公司?

(5) 美方可以向谁查询东方公司的资信情况?

(6) 东方公司希望提取多少佣金? 佣金可以降低一些吗?

(7) 如果作为独家代理, 东方公司每年能进口多少美元的洗衣机?

(8) 东方公司计划为哪种产品做一个市场调查? 为什么?

11

广告与促销

광고와 판촉

TRACK **11-01**

이 과의 **상황 check!**

在昨天的谈判中，中美双方达成了协议，决定一起分担在中国的广告费用。因为今天中午史先生和白小姐就要坐高铁离开北京去上海了，所以今天的洽谈开始得很早。双方代表就广告策划和销售策略等问题进行了讨论。

어제의 협상에서 중미 쌍방은 중국에서의 광고 비용을 함께 분담하기로 합의했다. 오늘 점심 史强生과 白琳은 고속철도를 타고 베이징을 떠나 상하이로 가기 때문에, 오늘의 협상을 일찍 시작했다. 쌍방 대표는 광고 기획과 판매 전략 등의 문제에 대해 토론했다.

1 广告策划 _ 광고 기획

▶ **在长城酒店小会议室 _** 창청호텔 소회의실에서

白琳 　李先生，您到得真早！用过早餐了吗？

李信文 　谢谢，我吃过早饭了。中午你们还要坐高铁去上海，所以我想早点儿过来。我们可以有多一点儿时间，就怎样做好产品的广告宣传和销售交换一下儿意见，制定一个初步方案。史先生，不知道您有什么看法。

史强生 　这次的广告是为我们的家电产品正式进入中国市场宣传造势，我认为首先应该突出我们的品牌形象。

李信文 　我完全同意。节能、环保是这个品牌产品的优势和卖点。我们的广告一定要有效地传达出这些信息。

白琳 　李先生，您对中国市场的情况比我们熟悉，广告策划又是您的强项，您有什么具体建议呢？

李信文 　我在想我们可以邀请一位著名影星担任品牌形象代言人。

史强生 　嗯，利用名人效应应该是一个不错的方法，不过费用可能会比较高吧？

李信文 　这样吧，费用的问题让我先找一家有经验的广告公司咨询一下儿，然后再做进一步讨论和决定。除非费用在合理范围之内，否则我们将采用其他的办法。

销售策略 _ 판매 전략

史强生 我想了解一下儿，除了刚才谈到的产品广告宣传以外，贵公司还有什么更多的具体打算吗？有什么需要我们配合的？

李信文 为了迅速打开市场，我方计划搞一次大型促销活动，扩大宣传造势的效果，建立品牌知名度。

史强生 您觉得这个促销活动的规模应该有多大？

李信文 我主张把这个促销活动分为两个阶段进行。首先在全国各大城市进行产品促销活动。如果市场销路好，我们再把促销活动范围扩大到中小城市。如果销路不够好的话，我们可以对销售策略进行及时调整。

白琳 对不起，我想问一句：贵公司的官网也会同时推出相应的促销活动吧？

李信文 是的。我们会在网上推出更多的优惠活动。比如，免费送货上门、延长产品保修期和"买一送一"等等。

白琳 （笑）听起来很有吸引力。我就最喜欢"买一送一"了！

促销 cùxiāo 판매를 촉진하다

高铁 gāotiě 고속철도

策划 cèhuà 기획(하다)

策略 cèlüè 전략

宣传 xuānchuán 광고하다

制定 zhìdìng 제정하다

方案 fāng'àn 방안

造势 zào shì 기세를 올리다, 분위기를 조성하다

突出 tūchū 돋보이게 하다, 두드러지게 하다

形象 xíngxiàng 이미지

卖点 màidiǎn 판매 포인트(selling point)

有效 yǒuxiào 효과가 있다

传达 chuándá 전달하다

熟悉 shúxī 익숙하다

强项 qiángxiàng 강한 종목, 강점

影星 yǐngxīng 영화배우

担任 dānrèn 담당하다

代言人 dàiyánrén 대변인

名人效应 míngrén xiàoyìng 유명 인사의 사회 영향

名人 míngrén 유명 인사

效应 xiàoyìng 효과

除非 chúfēi 오직 ~하여야 비로소

范围 fànwéi 범위

否则 fǒuzé 그렇지 않으면

配合 pèihé 협조하다, 협력하다

大型 dàxíng 대형

效果 xiàoguǒ 효과

规模 guīmó 규모

阶段 jiēduàn 단계

及时 jíshí 즉시

官网 guānwǎng 공식 사이트, 홈페이지

相应 xiāngyìng 상응하다

优惠活动 yōuhuì huódòng 할인 이벤트

优惠 yōuhuì 특혜의, 특전

比如 bǐrú 예를 들어

送货上门 sòng huò shàng mén 무료 배송

延长 yáncháng 연장하다

保修期 bǎoxiūqī 보증 기간

买一送一 mǎi yī sòng yī 1+1 이벤트

1 **离开A去/回B** A를 떠나 B로 (돌아)가다

- 今天中午史先生和白小姐就要坐高铁离开北京去上海了。
- 他已经离开这家公司回大学读工商管理硕士(MBA)了。

2 **就……进行讨论/交换意见** ～에 관해 토론하다/의견을 나누다

- 双方代表就广告策划和销售策略等问题进行了讨论。
- 在今天的晨会上，大家就怎样做好产品的广告宣传和市场销售交换了意见。

3 **对……熟悉** ～에 익숙하다

- 您对中国市场的情况比我们熟悉。
- 对不起，我们对这种产品的行情不太熟悉。

4 **除非……，否则……** 다만 ～해야만 한다, 그렇지 않으면 ～하다

'除非'는 조건 관계를 나타내는 복문에 쓰여, 어떤 조건이 필수적임을 나타낸다. 오직 특정 조건에서만 어떤 결과를 얻을 수 있음을 강조한다.

- 除非费用在合理范围之内，否则我们将采用其他的办法。
- 除非对方的资信可靠，否则我们不会跟他们做这笔生意。

广告和中国人的心理 _ 광고와 중국인의 심리

TRACK **11-06**

　　做生意离不开广告。好广告不但能帮助厂商打开市场销路，而且有利于建立产品的知名度。一般说，年轻人喜欢新潮和时尚，中老年人注重物美价廉，这大概是通常的规律。不过，在中国做广告还一定要了解中国人的文化传统和价值观。长城、黄河、中国龙、孔子、天安门等是中国国家和文化的象征。中国的消费者往往不能接受用这些形象开玩笑或者搞怪。相反，一些以中国人喜闻乐见的形式来传达产品信息的外国商业广告通常都能取得很好的宣传效果。例如，可口可乐和百事可乐的名字让喜欢讨吉利的中国人一听就喜欢。"车到山前必有路，有路必有丰田车"是丰田汽车在中国的广告。它以借用中国俗语的方式来巧妙地宣传自己的产品，使中国消费者一见就过目不忘。另外值得注意的是，中国人在传统上总觉得产品本身才是最好的广告。"酒香不怕巷子深"。如果你的东西真得非常好，就不用担心没有人买。在中国消费者看来，过分夸张、过分漂亮的广告有时是不可信的。"王婆卖瓜，自卖自夸"，谁不喜欢说自己的产品是最好的呢？

心理 xīnlǐ 심리

离不开 líbukāi 떨어질 수 없다

新潮 xīncháo 새로운 풍조

时尚 shíshàng 당시의 풍조, 유행

中老年 zhōnglǎonián 중노년

中年 zhōngnián 중년

老年 lǎonián 노년

注重 zhùzhòng 중시하다

物美价廉/价廉物美 wùměi-jiàlián/jiàlián-wùměi
물건도 좋고 값도 싸다

规律 guīlǜ 규율

价值观 jiàzhíguān 가치관

龙 lóng 용

象征 xiàngzhēng 상징(하다)

消费者 xiāofèizhě 소비자

消费 xiāofèi 소비

往往 wǎngwǎng 종종

搞怪 gǎo guài 트집을 잡다, 시비를 걸다

相反 xiāngfǎn 상반되다

喜闻乐见 xǐwèn-lèjiàn 기쁜 마음으로 보고 듣다

形式 xíngshì 형식

讨吉利 tǎo jílì 길한 것을 중시하다

讨 tǎo 중시하다

吉利 jílì 길하다

车到山前必有路 chē dào shān qián bì yǒu lù
수레가 산 앞에 이르면 길이 나지는 법이다
일이 닥치면 반드시 해결책이 생긴다

借用 jièyòng 차용하다, 빌려쓰다

俗语 súyǔ 속담

巧妙 qiǎomiào 교묘하다, 훌륭하다, 효과적으로

过目不忘 guò mù bú wàng 한 번 보면 잊지 않다

值得 zhídé ～할만하다

本身 běnshēn 실체, 자체

酒香不怕巷子深 jiǔ xiāng bú pà xiàngzi shēn
술맛이 좋다면 골목의 깊이를 두려워 마라
물건이 좋으면 손님이 저절로 찾아든다

香 xiāng 향

巷子 xiàngzi 골목

过分 guòfèn 과분하다, 심하다

不可信 bù kě xìn 믿을 수 없다

王婆卖瓜，自卖自夸 Wángpó mài guā, zì mài zì kuā 왕 할머니는 자기가 파는 오이가 최고라고 한다, 장사꾼은 항상 자기 물건이 최고라고 한다.

고유명사

黄河 Huáng Hé 황허강

天安门 Tiān'ānmén 천안문

可口可乐 Kěkǒu-Kělè 코카콜라

百事可乐 Bǎishì-Kělè 펩시콜라

丰田 Fēngtián 도요타 [일본 자동차 회사]

1 A离不开B A는 B와 뗄 수 없다

- 做生意离不开广告。
- 放心！那家公司离不开我们的产品。

2 以……的形式来 ~의 형식으로
以……的方式来 ~의 방법으로

- 这家公司的广告往往以中国人喜闻乐见的形式来传达产品信息。
- 它以借用中国俗语的方式来巧妙地宣传自己的产品。

3 一……就…… ~하자마자 ~하다
어떤 상황이 일어난 후 다른 상황이 연이어 발생함을 나타낸다.

- 可口可乐的名字让喜欢讨吉利的中国人一听就喜欢。
- 丰田车的广告借用了中国俗语，使中国消费者一见就过目不忘。

4 值得注意的是…… 주의할 만한 것은, 주목해야 할 것은

- 值得注意的是，中国人在传统上总觉得产品本身才是最好的广告。
- 值得注意的是，我们的产品正面临着新的竞争。

5 在……看来 ~의 관점에서 보자면

- 在中国消费者看来，过分夸张的广告常常是不可信的。
- 在很多外国厂商看来，到大城市投资更有吸引力。

6 谁不+동사……呢? 누가 ~하지 않겠는가?
반어법을 만들 때 사용하며, '모든 사람이' 또는 '예외 없음'을 강조할 때 쓴다.

- 谁不喜欢说自己的产品是最好的呢?
- 谁不想买到又便宜又好的东西呢?

연습 문제

I

어휘 연습

1 주어진 단어들을 빈칸에 알맞게 채워 넣어 보세요.

> 有效　　形象　　卖点　　传达　　突出　　宣传

(1) 这次的产品广告一定要＿＿＿＿＿＿我们的品牌＿＿＿＿＿＿。

(2) 环保和节能是新产品的＿＿＿＿＿＿。我们的广告＿＿＿＿＿＿一定要
＿＿＿＿＿＿地＿＿＿＿＿＿出这些信息。

II

핵심 문형 연습 1

1 '离开A去/回B'를 이용하여 출장 계획에 대해 작문해 보세요.

中国出差日程

日期	出发	到达
6月30日(星期五)	洛杉矶(Los Angeles)	北京(Beijing)
7月5日(星期三)	北京(Beijing)	上海(Shanghai)
7月7日(星期五)	上海(Shanghai)	深圳(Shenzhen)
7月9日(星期日)	深圳(Shenzhen)	洛杉矶(Los Angeles)

2 '就……进行讨论', '就……交换意见'과 제8과의 '就……进行谈判', 제10과의
'就……达成协议'는 문장 형식이 많이 비슷합니다. 이 문형들을 이용하여 문장을 완성해
보세요.

(1) A : 你觉得中方希望跟总裁见面的目的是什么?

B : 我认为＿＿＿＿＿＿＿＿＿＿＿＿＿＿＿＿＿＿＿＿＿＿＿＿＿＿＿＿

(2) A：王总，您觉得这份订单还有什么问题吗？

B：不好意思，我觉得我们应该＿＿＿＿＿＿＿＿＿＿＿＿＿＿＿＿＿

3 '对……熟悉'를 이용한 문장을 완성해 보세요.

(1) 公司决定由李先生担任销售部经理是一个合理的决定。大家都知道他对
＿＿＿＿＿＿＿＿＿＿＿非常熟悉。＿＿＿＿＿＿＿＿＿＿是他的强项。

(2) 因为对＿＿＿＿＿＿＿＿＿＿＿＿既不够熟悉又不够了解，这家外国
企业在中国的发展＿＿＿＿＿＿＿＿＿＿＿＿＿。

4 '除非……，否则……'를 이용하여 문장을 완성해 보세요.

(1) 除非贵公司的报价在＿＿＿＿＿范围之内，＿＿＿＿＿＿＿＿＿＿＿。

(2) 除非第一个阶段的销售不好，＿＿＿＿＿＿＿＿＿＿＿＿＿＿＿＿＿。

III

▶ 핵심 문형 연습 2

1 'A离不开B'를 이용하여 질문에 답해 보세요.

(1) 如果想在一场商业谈判中取得成功，你认为离不开什么？

＿＿＿＿＿＿＿＿＿＿＿＿＿＿＿＿＿＿＿＿＿＿＿＿＿＿＿＿

(2) 你觉得外国企业想在中国顺利发展一定离不开什么？

＿＿＿＿＿＿＿＿＿＿＿＿＿＿＿＿＿＿＿＿＿＿＿＿＿＿＿＿

2 '以……的形式来' 또는 '以……的方式来'를 이용하여 주어진 문장을 중국어로 말해 보세요.

(1) 그는 가장 효과적인 방법으로 다양한 고객들을 상대할 수 있습니다. 그는 우리 회사 최고의 영업 부장입니다.

＿＿＿＿＿＿＿＿＿＿＿＿＿＿＿＿＿＿＿＿＿＿＿＿＿＿＿＿

(2) 그 텔레비전 광고는 중국 소비자들이 좋아하는 형태로 상품에 대한 정보를 효과적으로 전달했습니다.

＿＿＿＿＿＿＿＿＿＿＿＿＿＿＿＿＿＿＿＿＿＿＿＿＿＿＿＿

3 상하이에서 白琳의 하루 일정은 매우 빡빡했습니다. 그녀는 먼저 상하이수출입무역회사의 张 사장을 만나 회의하고, 이어 의류 공장 측과 내년의 주문 계약을 협상했습니다. 점심을 먹은 후 가전제품 공장을 참관했고, 张 사장, 陈 공장장과 저녁을 먹고 나서, 와이탄(外滩)을 구경했습니다. '一……就……'를 이용하여 상하이에서 그녀의 하루를 작문해 보세요.

(1) 白小姐一到上海就＿＿＿＿＿＿＿＿＿＿＿＿＿＿＿＿＿＿＿＿＿

(2) ＿＿＿＿＿＿＿＿＿＿＿＿＿＿＿＿＿＿＿＿＿＿＿＿＿＿＿＿＿

(3) ＿＿＿＿＿＿＿＿＿＿＿＿＿＿＿＿＿＿＿＿＿＿＿＿＿＿＿＿＿

4 주어진 요구에 맞게 '值得注意的是'를 이용하여 작문해 보세요.

(1) 你从市场调查发现，越来越多的消费者喜欢外国产品和名牌产品。用"值得注意的是"的句型说出你的发现。

＿＿＿＿＿＿＿＿＿＿＿＿＿＿＿＿＿＿＿＿＿＿＿＿＿＿＿＿＿＿

(2) 请用"值得注意的是"的句型提醒中方谈判代表，因为新的经济政策，你的公司不得不调整投资计划。

＿＿＿＿＿＿＿＿＿＿＿＿＿＿＿＿＿＿＿＿＿＿＿＿＿＿＿＿＿＿

5 '在……看来'를 이용하여 질문에 답해 보세요.

(1) 在一般消费者看来，什么样的商品最值得花钱买？

＿＿＿＿＿＿＿＿＿＿＿＿＿＿＿＿＿＿＿＿＿＿＿＿＿＿＿＿＿＿

(2) 在很多厂家看来，什么样的产品值得生产？

＿＿＿＿＿＿＿＿＿＿＿＿＿＿＿＿＿＿＿＿＿＿＿＿＿＿＿＿＿＿

6 주어진 문장을 '谁不+동사+……呢?'를 이용하여 바꿔 보세요.

(1) 物美价廉的商品，男女老少都会愿意买。

＿＿＿＿＿＿＿＿＿＿＿＿＿＿＿＿＿＿＿＿＿＿＿＿＿＿＿＿＿＿

(2) 做广告的时候，每个厂商都喜欢说自己的产品好。

＿＿＿＿＿＿＿＿＿＿＿＿＿＿＿＿＿＿＿＿＿＿＿＿＿＿＿＿＿＿

1 본문 회화 내용을 바탕으로 질문에 답해 보세요.

(1) 美方代表今天计划要去哪儿？他们离开以前还有什么事要做吗？

(2) 李信文先生为什么很早就来找史先生和白琳？

(3) 史强生认为这次广告宣传的目的应该是什么？

(4) 这个品牌产品的优势和卖点是什么？

(5) 李信文对这次广告宣传活动有什么建议？

(6) 史强生总裁对李先生的建议有什么看法？

(7) 除了产品广告宣传以外，中方还有别的计划吗？

(8) 为什么中方主张把促销活动分为两个阶段？

(9) 在中方公司的官网上会有哪些相应的促销活动？

12

在交易会

교역회에서

在东方公司公共关系部主任张红的陪同下，史强生和白琳昨天从北京坐高铁到了上海。今天上午，他们去参观了上海商品交易会。

동방(수출입)회사 공공관계부 주임인 张红과 함께 史强生, 白琳은 어제 베이징에서 고속철도를 타고 상하이에 도착했다. 오늘 오전, 그들은 상하이상품교역회를 참관했다.

在家电展区 _ 가전 전시장에서

TRACK **12-02**

白琳　啊，这儿真大！张主任，听说有一千多家厂商参加了这届交易会，是吗？

张红　是啊，这是今年国内规模最大的交易会之一。不但全国各地都有厂商参加，而且还有不少外国公司参展。史先生、白小姐，这本小册子上有参加交易会的厂商介绍。

史强生　(看小册子)嗯，纺织、服装、家电、手机、自行车、玩具……参展的企业和产品可真不少！不过，我最感兴趣的是家电产品和纺织服装。哈，家电展区就在那边。我们过去看看吧！(走到展位前)

厂商甲　先生您好！这边是我们今年新推出的多功能空调。我给您介绍、展示一下儿吧？

史强生　现在市场上的空调产品很多。您这款产品有什么特点？

厂商甲　您看，我们这个产品的外形设计简洁、时尚，有五种颜色可供消费者选择。产品体积小，制冷效果好。除了制冷以外，还可以除湿、制暖和净化空气，而且非常节能。

史强生　这么多功能，价格是多少呢？

厂商甲　我们一共有三个型号，零售价都在市场上同类产品的价格以下。批发价更优惠。您请稍等，我给您拿一份产品资料，供您参考。

史强生　谢谢！(对白琳)看起来在中国做生意竞争很激烈啊！

2 在纺织、服装展区 _ 방직 및 의류 전시장에서

厂商乙 张主任，您好，您好！好久不见了，您也是来参加交易会的吗？

张红 不是。我是陪这两位客人来的。这位是美国国际贸易公司亚洲地区总裁史先生，这位是白小姐。他们对您的产品很感兴趣。

厂商乙 史先生、白小姐，幸会，幸会！欢迎光临，欢迎光临！

白琳 我们刚才看了好几家公司的丝绸产品，可是就数您这儿的品种最多、设计最漂亮。

厂商乙 谢谢您的夸奖！实话对您说，我们的丝绸产品获得过多次国家优质产品金奖。要是您对中国丝绸产品感兴趣的话，您算是找对地方了！市场上那些廉价的山寨货可是没法儿跟我们的比！(拿出两本小册子)这是我们公司的产品目录。您看，既有传统式样，又有时尚新潮的设计。请二位过目！

史强生 (看目录)不错，这些产品的确很有吸引力，式样新、价格也很有竞争力。请问，您的这些产品都有现货供应吗？

厂商乙 保证都有。史先生，如果您打算现在就订货的话，我还可以给您打九五折。

史强生 今天恐怕不行。我还得再考虑考虑。也许明天我们会再来跟您洽谈。

厂商乙 没关系，没关系。生意不成情义在，这次不行下次行！这是我的名片，欢迎您随时跟我们联系！

张红 (开玩笑)喂，您不是想把我的客户挖走吧？

厂商乙 (笑)哪儿的话！大家在这儿都是做生意嘛！

陪同 péitóng 모시다, 수행하다

展区 zhǎnqū 전시장

届 jiè 회, 기 [정기적인 회의 등에 쓰는 양사]

参展 cān zhǎn 전람회에 참가하다

小册子 xiǎocèzi 리플릿, 소책자

纺织 fǎngzhī 방직(하다)

展位 zhǎnwèi 부스

多功能 duōgōngnéng 다기능

功能 gōngnéng 기능

特点 tèdiǎn 특징

外形 wàixíng 외형

简洁 jiǎnjié 간결하다

供 gōng 제공하다

体积 tǐjī 부피

制冷 zhìlěng 냉각

除湿 chúshī 제습

制暖 zhìnuǎn 난방

净化 jìnghuà 정화

型号 xínghào 모델, 모델 번호

型 xíng 모델, 타입

以下 yǐxià 이하

稍等 shāoděng 잠깐 기다리다

参考 cānkǎo 참고하다

看起来 kàn qǐlái 보아하니

丝绸 sīchóu 실크, 견직물

数 shǔ 손꼽히다, (두드러진) 축에 들다

夸奖 kuājiǎng 칭찬하다, 찬양하다

实话 shíhuà 정말, 사실

获得 huòdé 얻다, 획득하다

优质 yōuzhì 우수한 품질

金奖 jīnjiǎng 금메달

算是 suànshì ～인 셈이다, ～라 할 수 있다

廉价 liánjià 염가, 저렴하다

没法(儿) méifǎ(r) 방법이 없다

现货 xiànhuò 현물

供应 gōngyìng 공급하다, 제공하다

订货 dìng huò 물품을 주문하다, 주문(품)

九五折 jiǔwǔ zhé 5% 할인

打折 dǎ zhé 할인하다

生意不成情义在 shēngyi bù chéng qíngyì zài
　　　　　장사가 안 이뤄져도 우정은 남는다

挖走 wāzǒu 빼돌리다, 빼내 가다

挖 wā (사람을) 빼내다, 빼돌리다

① **在……(的)陪同下** ～의 수행 하에, ～와 함께

- 在张红的陪同下，史强生和白琳从北京坐飞机到了上海。
- 在马局长的陪同下，美国代表团昨天参观了高新科技产品交易会。

② **……供＋A＋参考/选择** 참고(/선택)할 수 있도록 A에게 제공하다

- 这种空调(机)有五种颜色供消费者选择。
- 这份产品资料供您参考。

③ **看来/看起来** 보아하니, 보기에

'看来' 또는 '看起来'는 인상이나 평가, 견해를 나타낼 때 쓸 수 있다.

- 看起来，参加交易会是进入中国市场的一个好办法。
- 这次的谈判看来很成功。

④ **就数……** ～에 꼽히다

'数'는 다른 것 중 가장 두드러짐을 나타낼 때 쓰이며, 뒤에 서수나 명사, 절이 온다.

- 我们刚才看了好几家公司的丝绸产品，可是就数您这儿的最多、最漂亮。
- 在这届交易会上，就数这家公司的产品最受欢迎。

⑤ **算是……** ～인 셈이다, ～라 할 수 있다

- 要是您对中国丝绸感兴趣的话，您算是找对地方了!
- 那家民营企业可以算是一家很大的公司。

中国的交易会 _ 중국의 교역회

TRACK **12-06**

　　交易会，又叫博览会，是厂商展销产品、交流信息、开展对外贸易和吸引外资的重要方式之一。为了推动经济的发展，每年中国都会定期举行若干国际交易会或者博览会。这些交易会的规模有的大有的小，类型也不完全一样。其中，历史最长、规模最大的是中国进出口商品交易会。它一年两次，分别在春季和秋季在广州举行，所以又简称广交会。很多中国厂商都以能够在广交会上展出自己的产品为荣。可以说，广交会是了解中国经济发展的一个窗口。每年九月在厦门举办的中国国际投资贸易洽谈会（简称投洽会），则是中国最重要的国际投资博览会。厦门投洽会以投资洽谈为主题，全面介绍当年的各类招商项目，是投资中国的桥梁。除此之外，重量级的交易会还有中国(北京)国际服务贸易交易会（简称京交会）和中国国际高新技术成果交易会（深圳，简称高交会）。

　　对于想到中国做生意、投资的外国厂商来说，参加中国的交易会无疑是熟悉中国市场、获得最新商业信息的有效途径。如果你想从中国进口商品，交易会应该是你能买到物美价廉产品的好地方。由于参展的厂商多，难免竞争激烈。许多厂商往往以压低价格、提供各种优惠条件的办法来吸引买主。你可别错过这样的好机会啊！

단어　TRACK **12-07**

博览会 bólǎnhuì 박람회, 전람회	**以……为荣** yǐ……wéi róng ~을 영광으로 여기다
展销 zhǎnxiāo 전시 판매하다	**展出** zhǎnchū 전시하다, 진열하다
开展 kāizhǎn 넓히다, 확대하다	**窗口** chuāngkǒu 창문, 창구
定期 dìngqī 기간을 정하다, 정기(의)	**举办** jǔbàn 개최하다, 거행하다
春季 chūnjì 봄철	**则是** zé shì 즉, 바로 ~이다
简称 jiǎnchēng 약칭	**主题** zhǔtí 주제

全面 quánmiàn 전면적이다, 전반적이다

当年 dāngnián 그때, 그 당시

各类 gèlèi 여러 종류의

招商 zhāoshāng 상인을 모으다, 투자를 유치하다

项目 xiàngmù 프로그램, 항목, 사항

桥梁 qiáoliáng 교량, 매개, 다리

除此之外 chú cǐ zhī wài 이외에

重量级 zhòngliàngjí 중량급

成果 chéngguǒ 성과

无疑 wúyí 의심할 바 없다, 틀림없다

途径 tújìng 경로, 절차, 수단

由于 yóuyú ~때문에

难免 nánmiǎn 피할 수 없다

고유명사

中国进出口商品交易会 Zhōngguó Jìn-chūkǒu Shāngpǐn Jiāoyìhuì 중국 수출입 상품 교역회

广州 Guǎngzhōu 광저우

厦门 Xiàmén 샤먼

中国国际投资贸易洽谈会 Zhōngguó Guójì Tóuzī Màoyì Qiàtánhuì 중국 국제 투자 무역 협의회

中国(北京)国际服务贸易交易会 Zhōngguó (Běijīng) Guójì Fúwù Màoyì Jiāoyìhuì
중국(베이징) 국제 서비스 무역 박람회

中国国际高新技术成果交易会 Zhōngguó Guójì Gāoxīn Jìshù Chéngguǒ Jiāoyìhuì
중국 국제 첨단 기술 성과 박람회

중국 수출입 상품 교역회(광교회)

'广交会(광교회)'라고도 불리는 '中国进出口商品交易会(중국 수출입 상품 교역회)'는 1957년 봄에 처음 개최되었으며 매년 봄과 가을 두 차례에 걸쳐 중국 광저우에서 열린다. 중국에서 역사가 가장 깊고, 규모가 가장 크며 상품의 종류나 참가자, 계약 성사가 가장 많은 국제박람회이다. 2019년 봄의 경우 성사된 수출 교역액은 297억 달러에 이르렀으며, 참가국 및 지역이 213개, 참가한 바이어의 수는 195,454명이었다.

광교회는 직접 샘플을 보고 거래하는 것 외에 인터넷 교역회도 진행된다. 상품 수출과 함께 수입, 여러 형식의 경제 및 기술 합작과 교류, 상품 검사·보험·운송·광고 등이 이루어진다. 세계 각국에서 온 바이어들이 광저우에 모여 최신 정책 및 각종 시장 정보를 공유하고, 우의를 다진다.

개최 시기: 봄 – 제1기: 4월 15일~19일 / 제2기: 4월 23일~27일 / 제3기: 5월 1일~5일
　　　　　　가을 – 제1기: 10월 15일~19일 / 제2기: 10월 23일~27일 / 제3기: 10월 31일~11월 4일
개최 장소: 中国进出口商品交易会琶洲展馆(广州市海珠区阅江中路380号)
홈페이지: http://www.cantonfair.org.cn

1 以……为荣 ~을 영광으로 여기다
以……为主题 ~을 주제로 하다

- 很多中国厂商都以能够在广交会上展出自己的产品为荣。
- 每年九月的厦门投洽会以投资洽谈为主题。

2 除此之外，(……)还/也 …… ~이외에 또

'除此之外'는 '앞에서 언급한 것을 제외하고'라는 뜻으로, 주로 글말에서 쓰인다.

- 除此之外，重量级的交易会还有中国(北京)国际服务贸易交易会。
- 这星期我要参加交易会。除此之外，我也打算去考察几家工厂。

3 难免 피하기 어렵다, ~하기 마련이다

'难免'은 주로 동사나 주어 앞에 쓰여, 어떤 일이 발생할 가능성이 매우 높음을 나타낸다.

- 由于参加广交会的厂商多，难免竞争激烈。
- 如果你不了解市场行情，做生意的时候难免吃亏上当。

4 以……的办法 ~한 방법으로, ~의 방식으로

'以'는 방법을 나타내는 개사이다.

- 厂商往往以提供各种优惠条件的办法来吸引买主。
- 这家公司打算以分期付款的办法，引进新的组装线。

I

1 주어진 단어를 중국어로 해석하고, 그 단어를 이용하여 문장을 만들어 보세요.

> 参展 : 参加展览 → 这次交易会上有很多外国公司参展。

(1) 简称 : _____

(2) 无疑 : _____

(3) 实话 : _____

(4) 途径 : _____

II

1 '在……(的)陪同下'는 비교적 공식적인 자리에서 많이 씁니다. 주어진 문장을 '在……(的)陪同下'를 이용하여 바꿔 보세요.

(1) 昨天下午，李经理跟美国贸易代表团一起坐飞机到达了上海。

_____

(2) 晚上，上海外贸局马局长邀请美国客人出席了文艺晚会。

_____

2 '……供+A+选择' 또는 '……供+A+参考'를 이용하여 중국어로 말해 보세요.

(1) 이 에어컨은 3가지 모델을 고객이 선택할 수 있도록 했습니다.

_____

(2) 당신이 참고할 수 있도록 우리 제품의 리플릿을 드리고 싶습니다.

_____

3 '看来' 또는 '看起来'를 이용하여 질문에 답해 보세요.

(1) 你觉得最新型号的苹果手机怎么样?

_____

(2) 你参观了一个古董车(gǔdǒngchē 오래된 차)展览。你觉得它们的外形设计怎么样?

_____

4 주어진 요구에 맞게 '就数'를 이용하여 문장을 만들어 보세요.

(1) 用"就数"的句型说出今年最受欢迎的汽车。

_____

(2) 用"就数"的句型说出一家最大的银行。

_____

5 주어진 요구에 맞게 '算是'를 이용하여 질문에 답하거나 문장을 만들어 보세요.

(1) 史先生打算去中国投资。因为他不太了解中国的情况，所以想听听你的意见。请你用"算是"的句型告诉他在什么地方投资比较好、投资什么比较合适。为什么?

_____

_____

(2) 到了中国以后，史先生想给他的太太买一些纪念品(jìniànpǐn 기념품)，所以他又跟你请教(qǐngjiào 물어보다)应该买什么和应该去哪儿买。请你用"算是"的句型告诉他什么东西是值得买的纪念品，哪儿的东西物美价廉。

_____

_____

1 주어진 요구에 맞게 '以……为荣'이나 '以……为主题'를 이용하여 문장을 만들어 보세요.

(1) 用"以……为荣"的句型说出你最骄傲(jiāo'ào 자랑스럽다)的一件事。

_____

(2) 用"以……为主题"的句型说出明天的会谈将要讨论的内容。

_____

2 주어진 문장을 '除此之外, (……)还/也……' 또는 '除了……以外, 还……'를 이용하여 바꿔 보세요.

(1) 这次交易会我们没有参展。一方面是因为太忙，另一方面是因为没有新产品。

_____

(2) 明天美方代表的活动很多。既要考察一家工厂，又要参观新产品博览会，还要出席宴会。

_____

3 '难免'을 이용한 문장을 완성해 보세요.

(1) 给产品做广告难免_____

(2) 不了解市场行情的厂商难免_____

4 '以……的办法'를 이용하여 질문에 답해 보세요.

(1) 如果你要在交易会上订货，你打算怎样付款？

_____

(2) 如果你的公司刚生产了一种新产品，你打算怎样打开销路？

_____

독해와 작문 연습

1 본문 회화 내용을 바탕으로 질문에 답해 보세요.

(1) 为什么说这个交易会是"今年国内规模最大的交易会之一"?

(2) 史先生最想看哪些展品?

(3) 史先生看到的新型空调机有哪些功能?

(4) 史先生为什么觉得在中国做生意竞争很激烈?

(5) 那位丝绸厂商为什么告诉史先生和白小姐"您算是找对地方了"?

(6) 史强生和白琳觉得这位厂商的丝绸产品怎么样?

2 본문 독해 내용을 바탕으로 질문에 답해 보세요.

(1) 中国规模最大的商品交易会是什么? 每年的什么时候举行?

(2) 为什么说厦门投洽会是"投资中国的桥梁"?

(3) 为什么对跟中国有贸易关系的厂商来说，参加中国的国际商品交易会是一个好办法?

◆ 부스 신청서 예시

展位申请表(代合约)
Exhibition Application Form (Equal to contract)

展会名称: 中国·北京外国留学生专场招聘会
Recruitment Exhibition for Foreign Students in Beijing, P. R. China

展会地点 Location of Exhibition				展会日期 Date of Exhibition	
公司名称 Company Name					
公司地址 Company Address					
联系人 Contact Person				联系电话 Contact Number	
手机 Mobile				传真 Fax	
电子邮件 E-mail				邮编 Post Code	
所属行业 Industry					

公司性质 Company Type	国有 State-owned	私营 Private	独资 Solely Foreign-owned	合资 Joint Ventures	其他 Others
公司现有员工数量 Number of Employee				参展人数 Number of Conferee	
计划招聘职位 Recruitment Position					
计划招聘人数 Recruitment Planning					

展位租赁明细 Details	展位号 Table NO.	面积 Size	展位费 Service Fee	特殊要求 Special Request	备注 Remarks
费用总额(人民币) Total Cost (RMB)					

◆ 부스 정보

【展位规格及收费标准】

类别	标准展位(9m²)	标改展位(9m²)	室内光地收费(36m²起租)
国内企业	RMB 9,800元	RMB 12,800元	RMB 1,000元/m²
国外企业	3,000美元	4,000美元	300美元/m²
标准展位配置	标准展位配置包括三面围板、地毯、一张洽谈桌(信息台)、两把椅子、两只射灯、一只电源插座(220V/5A)、中英文公司名称楣板。		
室内光地	室内光地含展期内使用面积和使用空间，不包括标准展位配置。		

◆ 광교회 포스터 견본

13

招聘面试

채용 면접

为了进一步扩大在中国的业务，美国国际贸易公司决定招聘一位派驻中国的业务代表。通过初步电话面试，公司人力资源部筛选出三位优秀的申请人。他们中间的一位马杰目前正在上海。史强生和白琳到达上海以后，立刻安排了对他的正式面试。

중국에서의 업무를 더욱 확대하기 위해, 미국국제무역회사에서는 중국에 주재하며 업무를 대표할 사람을 채용하기로 결정했다. 1차로 전화 면접을 통해 회사 인력 개발부에서는 세 명의 우수한 지원자를 선별했다. 그들 중 한 명인 马杰는 현재 상하이에 있다. 史强生과 白琳은 상하이에 도착한 후, 즉시 그와 정식 인터뷰를 마련했다.

1 介绍个人背景_ 개인 배경 소개

▶ **在旅馆套房的客厅_** 호텔 스위트룸의 응접실에서

马杰　您好! I am Jack Martin.

白琳　Hello, Jack! 请进，请进!

马杰　谢谢!

白琳　(让)我来介绍一下儿。这位是我们公司亚洲(地)区总裁，Johnson Smith先生。Johnson，这位是Jack Martin。

马杰　I am much honored to meet you, sir.

史强生　(握手)你好。请坐。谢谢你从浦东赶过来面试。路上堵车吗?

马杰　我是坐地铁过来的，很方便。我觉得非常荣幸有这样的面试机会。

史强生　那么，我们就开始吧。首先，请你介绍一下儿你自己的背景和经历。

马杰　我应该用中文说吗?

史强生　对。这是一个派驻在中国的工作，要求申请人有中英文双语能力，尤其是应该有用中文跟中国客户交流和沟通的能力。

马杰　好的。我叫Jack Martin，我的中文名字是马杰。我是美国人。两年前(我)从西雅图的华盛顿大学毕业，我的专业是市场营销。我目前在上海现代商贸公司工作。

史强生　这是一家什么样的企业? 你的具体工作是什么?

马杰　这是一家跨境电商公司，就在上海自贸区。我在公司的物流部工作，负责跟海外供应商的联系和沟通。

白琳　你的中文很流利。请问你学了几年中文了?

马杰　大概六七年了吧。我从高中的时候开始学中文。在大学期间我也一直上中文课。因为我相信学好中文一定会对我将来的工作有帮助。

史强生 （微笑）看来你在语言学习上做了一个很好的决定。好，接下来请你详细说一说你还有哪些经验吧。

2 经验和技能 _ 경험과 기술

TRACK **13-03**

马杰 从大二开始到毕业，我一直利用假期在亚马逊打工。开始的时候在客服部，后来在市场部。大学三年级的时候我参加了学校的海外学习项目，到北京大学学习了一个学期。学习期间，我还在北京的一家电商企业实习了三个月。

史强生 嗯，作为一个外国实习生，你具体做什么?

马杰 我被分配在市场部，参加了一个新产品促销项目。我们有一个项目团队，具体工作包括市场调查、制定促销方案和联系客户等等。这个实习工作让我学到了很多有用的东西。大学毕业的时候，我决定再到中国工作一段时间。很幸运，我申请到了现在这份工作。（直）到这个月为止，我在上海已经工作了快两年了。

史强生 那么，你为什么申请我们这个职位呢?

马杰 我在网上仔细看了对这个职位的要求和说明，我的理解是这个工作的职责涉及营销、物流、客服多个方面。这对于我来说不但是一个很好的挑战，而且也是一个增加专业知识、提高业务能力的好机会。我觉得这份工作可以让我更好地发挥我的专业特长，也对我个人今后的职业发展更有利。

史强生 做这份工作，你觉得你的强项是什么?

马杰 我对电商的运营模式比较熟悉，在物流和客服方面也积累了一些经验。除此之外，因为已经在中国工作了两年，我对中国市场和中国消费者也比较了解。

史强生	嗯，很好。最后一个问题：你会愿意长期在中国工作吗？
马杰	嗯……这个问题不太容易回答。这样说吧，我非常喜欢在中国工作。我希望能在这里至少工作、生活三到五年。
史强生	好，今天的面试就到这里。我们会在两个星期之内通知你最后的决定。谢谢你！
马杰	谢谢，再见！

단어 TRACK 13-04

招聘 zhāopìn 초빙하다, 채용하다		**海外** hǎiwài 해외	
面试 miànshì 면접		**供应商** gōngyìngshāng 공급자	
派驻 pàizhù 파견하다		**接下来** jiē xiàlái 계속해서, 이어서	
筛选 shāixuǎn 선발		**详细** xiángxì 자세하다, 상세하다	
申请人 shēnqǐngrén 신청인		**经验** jīngyàn 경험	
申请 shēnqǐng 신청하다		**技能** jìnéng 기술	
背景 bèijǐng 배경		**假期** jiàqī 방학	
堵车 dǔ chē 교통 체증		**客服** kèfú 고객 서비스	
地铁 dìtiě 지하철		**实习** shíxí 인턴십, 실습(하다), 견습(하다)	
荣幸 róngxìng 영광스럽다		**实习生** shíxíshēng 인턴, 실습생	
经历 jīnglì 경력		**分配** fēnpèi 배치되다	
双语 shuāngyǔ 이중 언어		**团队** tuánduì 팀, 그룹	
能力 nénglì 능력		**幸运** xìngyùn 행운, 운이 좋다	
市场营销 shìchǎng yíngxiāo 마케팅		**为止** wéizhǐ ~까지	
跨境电商 kuàjìng diànshāng 글로벌 전자상거래		**职位** zhíwèi 직위	
跨境 kuàjìng 국경을 넘는(cross-border)		**职责** zhízé 직책	
电商 diànshāng 전자상거래		**涉及** shèjí (힘·작용 따위가) 관련되다, 미치다	
物流 wùliú 물류		**发挥** fāhuī 발휘하다	

特长 tècháng 특기

职业 zhíyè 직업

运营模式 yùnyíng móshì 운영 모델

运营 yùnyíng 운영하다

模式 móshì 모델

积累 jīlěi 쌓이다

고유명사

人力资源部 rénlì zīyuán bù 인력 개발부, 인사부

浦东 Pǔdōng 푸둥

西雅图 Xīyǎtú 시애틀

华盛顿大学 Huáshèngdùn Dàxué 워싱턴 대학교

现代商贸公司 Xiàndài Shāngmào Gōngsī 현대상무회사

自贸区 zìmàoqū 자유무역지구

物流部 wùliúbù 물류부

亚马逊 Yàmǎxùn 아마존(Amazon) [전자상거래를 기반으로 한 미국의 IT 기업]

市场部 shìchǎngbù 마케팅부

客服部 kèfúbù 고객 서비스부

① 对……有帮助 ~에 도움이 되다

对……有利 ~에 이익이 되다

- 学好中文一定会对我将来的工作有帮助。
- 这份工作对我个人今后的职业发展更有利。

② 到……为止 ~까지

특정한 시점이나 지점까지의 한계를 나타내는 표현이다.

- 到这个月为止，我在上海已经工作了快两年了。
- 今天的洽谈就到这儿为止。

③ 对于……来说 ~에게 있어, ~의 입장에서 보면

어떤 사람이나 사물의 시각 또는 관점을 나타낸다.

- 这个工作对于我来说是一个很好的挑战。
- 对于想进入中国市场的外商来说，这真是一个好机会。

④ 在……方面 ~한 방면에서

동작의 진행이나 상황의 범위를 나타내는 표현이다. '在'와 '方面' 사이에는 명사(구)나 동사(구)가 올 수 있다.

- (我)在物流和客服方面也积累了一些经验。
- 如果您在价格方面有什么问题，可以随时跟市场部咨询。

在中国求职与招聘 _ 중국의 구인 구직

今天许多外国公司在中国开展业务并招聘人手。与此同时，越来越多的中国公司也开始从世界各地招聘专业人才。很多招聘单位都把双语能力视为录用的优先条件之一。

不管是你的公司计划在中国招聘新员工，还是你自己想在中国找工作，最简单有效的办法是首先上网搜一下儿。你可以从三大招聘网站开始。它们是"前程无忧(网)""智联招聘(网)"和"中华英才网"。这三大招聘网站都用中英文提供全国范围内求职与招聘的专业服务。在建立账户和登录之后，你就可以方便地使用网站提供的职位搜索、简历管理、求职指导以及招聘猎头等服务。

在中国找工作的另一个途径是参加招聘会。招聘会也叫人才市场。在中国，招聘会已经成为人们找工作和公司招聘新员工的热门场所。在经济增长和对专业人才需求的推动下，中国每年都举行许许多多类型和规模不同的招聘会。有的招聘会还办到了海外。近年来，有相当数量的外国公司也加入了中国人才市场的招聘活动。假如你有这方面的需要，不妨也来试一试。

求职 qiúzhí 구직

人手 rénshǒu 일손, 일하는 사람

与此同时 yǔ cǐ tóng shí 그와 동시에

人才 réncái 인재

视为 shìwéi ~라고 보다, ~라고 여기다

录用 lùyòng 채용하다

优先 yōuxiān 우선하다

不管 bùguǎn ~상관없이

搜 sōu 찾다

搜索 sōusuǒ 탐색하다

网站 wǎngzhàn 웹사이트

账户 zhànghù 계정

登录 dēnglù 등록하다, 로그인하다

简历 jiǎnlì 이력서, 약력

指导 zhǐdǎo 지도하다

以及 yǐjí 그리고

猎头 liètóu 헤드헌터

人才市场 réncái shìchǎng 인재 시장

热门 rèmén 유명한, 인기 있는

场所 chǎngsuǒ 장소

需求 xūqiú 요구, 수요, 필요

近年来 jìnnián lái 최근 몇 년간

相当 xiāngdāng 상당히, 꽤

假如 jiǎrú 만약에

不妨 bùfáng ~해도 괜찮다

고유명사

前程无忧(网) Qiánchéng Wúyōu (Wǎng) www.51job.com [중국의 구인 구직 사이트]

智联招聘(网) Zhìlián Zhāopìn (Wǎng) www.zhaopin.com [중국의 구인 구직 사이트]

中华英才网 Zhōnghuá Yīngcái Wǎng www.chinahr.com [중국의 구인 구직 사이트]

① **把······视为······** ~을 ~으로 여기다, ~로 간주하다

- 很多招聘单位都把双语能力视为录用的优先条件之一。
- 公司把参加这次交易会视为进入中国市场的机会。

② **不管是······，还是······** ~이든 아니면 ~이든

'不管'은 어떤 조건이든 상관없음을 나타내며, 뒤에는 정반의문문이나 선택의문문의 형식이 올 수 있다.

- 不管是你的公司计划在中国招聘新员工，还是你自己想在中国找工作，最简单有效的办法是首先上网搜一下儿。
- 不管是白天还是晚上，这儿都堵车。

③ **在······推动下** ~의 추진 하에

- 在经济增长和对专业人才需求的推动下，中国每年都举行许多招聘会。
- 在新贸易合同的推动下，这种产品的出口增长得很快。

④ **(······)，不妨+동사······** ~해도 괜찮다, ~해도 무방하다

- 假如你有这方面的需要，不妨也来试一试。
- 为了招(聘)到有经验的优秀人才，我们不妨去今年的招聘会看一看。

I 어휘 연습

1 주어진 단어들을 빈칸에 알맞게 채워 넣어 보세요.

| 参展 | 展示 | 幸运 | 荣幸 | 实习生 | 型号 | 多功能 |
| 积累 | 跨境 | 届 | 分配 | 筛选 | 团队 | 为止 | 模式 |

(1) 市场部已经_____出几种新产品，准备在这一_____交易会_____。

(2) 我很_____能为您_____我们的_____空调机。这是今年的新_____。

(3) 到现在_____，李经理在这家_____电商公司已经工作了八年了。他对公司的运营_____非常熟悉。

(4) 作为一个_____，我很_____被_____到一个很好很强的_____。通过这次实习，我一定能_____很多有用的经验。

2 어떤 어휘들이 중국인과의 면접시험에서 유용할지 생각해 보고, 생각나는 어휘들을 나열해 보세요.

_____

_____

3 "만나뵙게 되어 영광입니다!"를 중국어로 말해 보세요.

_____

1 '对……有帮助'나 '对……有利'를 이용하여 질문에 답해 보세요.

(1) 有双语能力可能会对什么有帮助?

_____

(2) 为什么那家公司决定采用网上销售的运营模式?

_____

2 '(直)到……为止'를 이용하여 주어진 문장을 중국어로 말해 보세요.

(1) 오늘 협상 때까지, 우리의 논의는 아직 공급자에 대한 문제를 다루지 않았습니다.

_____

(2) 인턴으로서 나는 고객 서비스 부서에 배치되었습니다. 내 책임은 고객이 만족할 때까지 전화로 질문에 대답하는 것입니다.

_____

3 '对于……来说'를 이용하여 질문에 답해 보세요.

(1) 对于招聘单位来说，录用(lùyòng 채용하다)新人最重要的要求是什么?

_____

(2) 你为什么决定申请这个职位?

_____

4 '在……方面'을 이용한 문장을 완성해 보세요.

(1) 那家中国公司希望能够跟我们公司在_____方面有进一步的合作。

(2) 我的强项是在_____方面，我对物流业务并不熟悉。

1 '把……视为……'를 이용하여 주어진 문장을 중국어로 말해 보세요.

(1) 졸업생들은 취업박람회를 구직하기 좋은 곳으로 여기는 경우가 많습니다.

_____

(2) 다음 주 면접을 가장 중요한 과제로 간주해야 하며, 준비를 잘 해야 합니다.

_____

2 주어진 문장을 '不管是……，还是……'를 이용하여 바꿔 보세요.

(1) 有问题的时候，他很善于跟客户沟通，所以老板和客户都很喜欢他。

_____

(2) 在中国的大城市，交通总是非常繁忙，上午、下午和晚上都堵车。我觉得你最好坐地铁，又快又便宜，而且下雨下雪都不用担心。

_____

3 '在……推动下'를 이용한 문장을 완성해 보세요.

(1) 在双方代表的努力推动下，_____

(2) 在_____的推动下，_____

4 주어진 상황을 바탕으로 '不妨+동사+……'를 이용하여 제안해 보세요.

(1) 毕业以后，你的朋友想去中国工作两年。他问你怎样才能获得最新的招聘信息。你告诉他：

_____

(2) 公司派你和一个同事(tóngshì 동료)从北京到上海出差。你的同事打算订飞机票，可是你有不同的想法。你说：

_____

1　본문 회화 내용을 바탕으로 질문에 답해 보세요.

(1) 美国国际贸易公司为什么要招聘新人?

(2) 史强生和白琳面试的申请人叫什么名字? 他今天是从哪儿来参加面试的? 他是怎么来的?

(3) 在美国上大学的时候, 马杰的专业是什么? 他从什么时候开始学中文?

(4) 马杰目前在一家什么公司工作? 他的工作职责是什么? 他在这家公司工作了多久了?

(5) 马杰正在申请的这个工作有哪些职责?

(6) 这个职位对申请人有什么特别的要求?

(7) 马杰为什么要申请这个新工作?

(8) 申请做这个工作, 马杰觉得他自己的强项是什么?

(9) 为什么这些是马杰的强项?

(10) 你觉得马杰能得到这个工作吗? 为什么?

◆ 구인 광고 예시

现代科技公司

加入我们
梦想起航

公司介绍：大型跨国公司位于上海浦东

主要业务：计算机与网络技术

招聘目的：公司发展需要

招聘岗位：研发部、营销部实习生（一年）

资历要求：本科、英语4、6级 IT／营销专业优先

实习期待遇：带薪/不带薪　包食宿费和交通费

公司提供：三周免费培训

详情请查看：www.moderntechSH.com

14

工业园区

공업 단지

이 과의 상황 check!

TRACK **14-01**

深圳是史强生和白琳这次中国之行的最后一个城市。从上海到达深圳以后，张红陪他们参观了当地的一个工业园区，还考察了入驻园区的一家创业公司。园区的投资环境给他们留下了深刻的印象。

선전은 史强生과 白琳의 이번 중국 방문에서의 가장 마지막 도시이다. 상하이에서 선전에 도착한 이후, 张红은 그들을 수행하여 각 지역의 공업 단지를 참관했고, 입주 단지의 벤처기업을 시찰했다. 단지의 투자 환경은 그들에게 깊은 인상을 남겼다.

谈当地的发展 _ 지역 발전에 대한 대화   TRACK **14-02**

白琳　真想不到这儿发展得这么快!

张红　是啊，过去三十年来，深圳利用外资发展经济，已经从一个小镇变成了一个现代化的大城市。现在每年都有越来越多的外国厂商到这里来做生意，世界上很多有名的大公司在深圳都有投资。我们今天考察的这个工业园就是当地发展的一个缩影。

史强生　我很想知道深圳是依靠什么来吸引这么多外国投资的呢?

张红　我想主要是靠良好的投资环境，尤其是完善的基础设施和当地政府对外商投资的积极支持。

史强生　这个工业园建立了多久了?

张红　这是一年前刚刚建立的新园区。

史强生　那么，基础设施建设已经全部完成了吗?

张红　是的。交通、通信和公共配套设施都已经投入使用了。到目前为止，已经有二十几家企业签约入驻了。

史强生　发展得真快。请问，入驻的企业中有多少家是外资企业?

张红　据我所知，目前入驻的企业中，有二分之一是外资企业。

白琳　哈，我的手机连上Wi-Fi了! 信号很好!

张红　是的。整个园区都可以免费使用无线网络。

2 考察创业公司_ 벤처기업 방문

刘经理 张主任，你们来了！欢迎，欢迎！欢迎各位光临指导！

张红 您好，刘经理。让您久等了。我来介绍一下儿，这位是东方新能源的刘总。刘经理，这位是美国国际贸易公司亚洲区总裁史强生先生，这位是白琳小姐——史先生的助理。

刘·史·白 您好！您好！（握手）

史强生 刘总，我对贵公司正在研发的家庭新能源项目很感兴趣，听说你们有意寻找合作伙伴。您可以为我们做一些介绍和说明吗？

刘经理 当然可以。我们是一家成立不久的科技创业公司，一半以上的研发人员都是海归。目前公司专门研发家庭新能源技术和配套产品。我们已经申请了多项专利。

史强生 很有意思。我认为家庭新能源的确有很大的发展潜力。请问，贵公司有哪些具体产品呢？

刘经理 是这样的。（打开电脑）请看，我们的产品将包括使用新能源的家用空调机、洗衣机、洗碗机和炉具等等。所有产品都将使用我们自己研发的技术。

史强生 如果我理解正确的话，贵公司到目前为止还没有产品正式投放市场，也没有任何盈利。请允许我冒昧地问一句，贵公司是怎样保持正常运营的呢？

刘经理 我们去年获得了第一笔风险投资。与此同时，在当地政府的积极支持下，公司还顺利获得了银行优惠贷款。为了保证我们的产品能在明年投放市场，公司正计划进行新的融资。不知道史先生有没有兴趣？

史强生 我个人看好你们的项目。我会在这次考察的基础上，向公司提交一份评估报告。如果有什么进展，我会及时跟您联系。

之行 zhī xíng ~의 여정	伙伴 huǒbàn 파트너
入驻 rùzhù 입주(하다)	成立 chénglì 설립하다
镇 zhèn 진, 작은 마을	人员 rényuán 직원
现代化 xiàndàihuà 현대화	海归 hǎiguī 해외파
缩影 suōyǐng 축소판	项 xiàng 항목
依靠 yīkào 의지하다, 기대다	专利 zhuānlì 특허
完善 wánshàn 완벽하다, 나무랄 데가 없다	炉具 lújù 오븐
基础设施 jīchǔ shèshī 인프라, 경제 활동의 기반을 형성하는 기초적인 시설들	盈利 yínglì 이윤을 얻다, 이익을 보다
通信 tōngxìn 통신	允许 yǔnxǔ 허락하다
通信设施 tōngxìn shèshī 통신 설비	冒昧 màomèi 주제 넘게도, 외람되게
公共配套设施 gōnggòng pèitào shèshī 공공 부대시설	保持 bǎochí 유지하다
配套 pèitào 세트	正常 zhèngcháng 정상적이다
投入 tóurù 개시하다, 전개하다	风险投资 fēngxiǎn tóuzī 벤처 투자
据我所知 jù wǒ suǒ zhī 내가 아는 바에 의하면	风险 fēngxiǎn 위험
信号 xìnhào 신호	贷款 dài kuǎn 대출
无线网络 wúxiàn wǎngluò 와이파이(Wi-Fi)	融资 róngzī 융자
久等 jiǔděng 오래 기다리다	看好 kànhǎo 잘 되리라 예측하다, 긍정적이다
新能源 xīnnéngyuán 신 에너지	提交 tíjiāo 제출하다
研发 yánfā 연구 및 개발을 하다	评估 pínggū 평가 보고서
有意 yǒuyì (~할) 생각이 있다, ~하고 싶다	进展 jìnzhǎn 진전

고유명사

东方新能源(公司) Dōngfāng Xīnnéngyuán (Gōngsī) 동방 신에너지(회사)	

1 从A变成(了)B A에서 B로 변화하다

- 深圳已经从一个小镇变成了一个现代化的大城市。
- 在过去的几年中，这家小公司从一家普通代理商变成了一家生产电脑的大公司。

2 (依)靠……(来)+동사 ~에 기대어 ~하다

- 这个工业园是依靠什么来吸引外国投资的呢？
- 这家工厂靠引进新技术来提高产品质量。

3 据我所知 내가 알기로는, 내가 알고 있는 바에 의하면

- 据我所知，目前入驻的企业中，有三分之一是外资企业。
- 据我所知，那家公司只接受信用证付款方式。

4 在……(的)基础上 ~에 근거하여

'在……上'은 '~에 있어서'라는 뜻으로, 주로 추상적으로 어떤 방면을 드러낼 때 사용한다.

- 我会在这次考察的基础上，向公司提交一份评估报告。
- 在第一次面谈的基础上，公司筛选出三位申请人。

中国的特区和新区 _ 중국의 특구와 신구

经济特区、开发区、高新区、自贸区和新区，这些都是中国在改革开放过程中先后建立的特殊区域。

20世纪80年代改革开放初期，中国先后建立了深圳、珠海、汕头、厦门经济特区和海南（省）经济特区。它们都位于中国南部沿海地区。2010年，为了发展中国西部地区的经济，中国又建立了新疆喀什和霍尔果斯两个经济特区。中国在经济特区实行特殊的经济政策和灵活的管理措施，以便吸引外国投资和跨国企业入驻。

开发区和高新区分别是经济技术开发区和高新技术产业区的简称。20世纪90年代前后是开发区和高新区建立和发展的高峰期。开发区实际就是一种现代化的工业园区。高新区则是以打造知识密集型和技术密集型工业园区为目的。到现在为止，全国已经有超过200个以上的国家级经济技术开发区和超过100个以上的国家级高新技术产业开发区。入住这两类园区的企业都享有一系列优惠政策和当地政府提供的许多便捷服务。

2005年以后，中国开始尝试建立规模更大的国家级新区。新区有政府职能部门的性质，区内实行国家特定优惠政策，是国家级的综合功能区。最早建立的是上海浦东新区。目前最新的是2017年建立的雄安新区。除此之外，2013年8月中国在浦东新区内建立了境内第一个自由贸易区——中国（上海）自由贸易试验区。上海自贸区享有更大的贸易自由和金融、投资便利。在经济全球化和"一带一路"倡议的双重推动下，中国正在建立更多的自由贸易区。

先后 xiānhòu 계속, 연이어, 잇따라

特殊 tèshū 특수하다, 특별 대우하다

区域 qūyù 구역

年代 niándài 시대, 연대, 시기

初期 chūqī 초기

位于 wèiyú ~에 위치하다

沿海 yánhǎi 연해

灵活 línghuó 유연하다, 융통성이 있다

措施 cuòshī 실시하다, 시행하다

以便 yǐbiàn ~하기 위하여

跨国企业 kuàguó qǐyè 다국적 기업, 글로벌 기업

分别 fēnbié 구별하다

前后 qiánhòu 전후, 즈음

高峰期 gāofēngqī 절정기

实际 shíjì 실제로

打造 dǎzào 만들다

知识密集型 zhīshi mìjí xíng 지식집약형

密集 mìjí 밀집하다, 조밀하다

国家级 guójiājí 국가급

享有 xiǎngyǒu 향유하다

一系列 yíxìliè 일련의

便捷 biànjié 편리하다

职能部门 zhínéng bùmén 직책 기능 부서

职能 zhínéng 기능

部门 bùmén 부분

性质 xìngzhì 본질, 성질

特定 tèdìng 특정한, 일정한

综合 zōnghé 종합(하다)

境内 jìngnèi 경내, 구역

自由 zìyóu 자유

试验 shìyàn 실험(하다)

经济全球化 jīngjì quánqiúhuà 경제 글로벌화

倡议 chàngyì 제안하다, 제의하다

双重 shuāngchóng 이중

고유명사

经济特区 jīngjì tèqū 경제특구

开发区 kāifāqū 개발구

高新区 gāoxīnqū 첨단산업구

新区 xīnqū 신구

国家级新区 guójiājí xīnqū 국가급 신구

珠海 Zhūhǎi 주하이

汕头 Shàntóu 산터우

海南 Hǎinán 하이난

新疆 Xīnjiāng 신장

喀什 Kāshí 카스

霍尔果斯 Huò'ěrguǒsī 호르구스

浦东新区 Pǔdōng Xīnqū 푸둥신구

雄安新区 Xióng'ān Xīnqū 슝안신구

中国(上海)自由贸易试验区
Zhōngguó (Shànghǎi) Zìyóu Màoyì Shìyànqū
중국(상하이) 자유무역실험지구

一带一路 Yí Dài Yí Lù 일대일로

① 位于…… ~에 위치해 있다

- 最先建立的经济特区都位于中国南部沿海地区。
- 总裁办公室位于公司大楼的三楼。

② ……, 以便…… ~하기 위하여, ~하기에 편리하도록

앞에 서술된 행위가 '以便' 뒤에 나오는 행위에 도움이 됨을 나타낸다.

- 经济特区实行特殊的经济政策和灵活的管理措施, 以便吸引外资和跨国企业入驻。
- 我们决定播出更多电视广告, 以便打开市场销路。

③ 分别是…… 각각 ~이다

- 开发区和高新区分别是经济技术开发区和高新技术产业区的简称。
- 本公司今年推出的新产品分别是节能空调机、洗衣机和洗碗机。

④ 以……为目的 ~의 목적으로, ~을 위해

- 国家高新区以打造知识密集型和技术密集型工业园区为目的。
- 这次促销活动不以盈利为目的。

I

1 단어를 완성해 보세요.

> 成(本), 成(品)

(1) 完(　　　), 完(　　　), 完(　　　)

(2) 投(　　　), 投(　　　), 投(　　　)

(3) 保(　　　), 保(　　　), 保(　　　)

(4) 特(　　　), 特(　　　), 特(　　　)

2 주어진 어휘를 의미 또는 용법에 따라 구분하여 문장을 만들어 보세요.

(1) 发展/进展

_____

_____

(2) 投资/融资

_____

_____

(3) 看好/看起来

_____

_____

(4) 特殊/特定

_____

_____

1 주어진 요구에 맞게 '从A变成(了)B'를 이용하여 문장을 바꿔 보세요.

(1) 说一说某一个人在过去十年中的变化。

_____

(2) 说一说某一家公司在最近几年的发展和变化。

_____

2 '(依)靠……(来)+동사'를 이용한 문장을 완성해 보세요.

(1) 王总经理打算靠_____(来)提高企业的经济效益。

(2) 这家新成立的创业公司一直依靠_____来保持公司正常运营。

3 '据我所知'를 이용하여 질문에 답해 보세요.

(1) 为什么很多跨国企业都愿意签约入驻到这个工业园区?

_____

(2) 听说这届交易会的规模很大。你觉得(我们)公司也应该参加吗?

_____

4 '在……(的)基础上'을 이용한 문장을 완성해 보세요.

(1) 在_____的基础上,
老板决定正式录用马杰。

(2) 我们是在_____的基础上,
做出了向那家创业公司投资的决定。

1 주어진 문장을 '位于……'를 이용하여 바꿔 보세요.

(1) 家用电器产品展览在交易会大厅入口的右边。

_____

(2) 成品车间在工厂的东边，组装车间的后边。

_____

2 '分别是'를 이용하여 질문에 답해 보세요.

(1) 请问，贵公司常打交道的银行有哪几家？

_____

(2) 销售代理商一般分为几种？哪几种？

_____

3 주어진 문장을 '……, 以便……'을 이용하여 바꿔 보세요.

(1) 为了赶在十月上旬交货，工厂调整了生产计划。

_____

(2) 为了了解那个地区的投资环境，我去那儿考察了三天。

_____

4 '以……为目的' 또는 제3과에서 배웠던 '(사람+동사……的)目的是……'를 이용하여 질문에 답해 보세요.

(1) "买一送一"(的)策略当然能吸引大批顾客，可是公司不怕赔本吗？

_____

(2) 你认为中国为什么要建立经济特区、开发区、高新区等等特殊区域？

_____

1 본문 회화 내용을 바탕으로 질문에 답해 보세요.

(1) 深圳这些年有什么变化?

(2) 深圳依靠什么来吸引外资?

(3) 为什么史强生认为这个园区"发展得真快"?

(4) 史强生和白琳为什么参观这个创业公司?

(5) 这家创业公司目前在做什么?

(6) 这家创业公司目前盈利了吗? 它依靠什么保持运营?

(7) 这家创业公司下一步的计划是什么?

(8) 史先生说他会向他的公司提交一份评估报告。你觉得史先生在报告里会说什么?

15

签订合同

계약 체결

今天是史强生和白琳在中国的最后一天。中美双方将要正式签订合同。一早，东方公司的副总经理李信文就从北京坐飞机到了深圳。他将代表东方公司参加今天的签字仪式。

오늘은 史强生과 白琳이 중국에서 보내는 마지막 날이다. 중미 양측은 막 정식으로 계약을 체결하려고 한다. 아침 일찍 동방수출입회사의 부사장 李信文은 베이징에서 선전으로 비행기를 타고 날아왔다. 그는 동방 수출입회사를 대표해 오늘의 조인식에 참가한다.

1 审核合同_ 계약 심사

李信文 史先生、白小姐，这是我们今天将要签署的三份文件。每份文件都有中英文对照。第一份是今年秋季的订货合同，第二份是代理合同，第三份是长期合作意向书。请二位在签字前对各项条款再审核一遍，尤其是订货合同上有关数量、金额、包装要求、交货时间、验收标准和付款方式等项。如果还有任何遗漏或者不合适的地方，请立刻指出，以便修改。

史强生 好！白琳，我们一个人看一份。看完一遍以后，再交换看一遍。

（史强生、白琳审核合同）

白琳 李先生，这儿有一句话我想再跟您确认一下儿。关于交货时间，文件上写的是"分两次在八月十日前和九月十日前交货"。这是不是说在十号以前贵公司就有可能交货呢？

李信文 （微笑）根据我们上一次洽谈的结果，双方商定的交货时间是八月上旬和九月上旬。"八月十日前和九月十日前交货"的意思是交货时间必须不晚于十号。当然，如果可能的话，我们会尽力提前交货。

白琳 （笑）哦，我明白了。Johnson，你觉得还有别的问题吗？

史强生 我希望在合同中补充这样一条：如果因为卖方交货时间的延误，造成买方的经济损失，买方有权提出申诉和索赔。说实话，这份订单的交货时间对我们非常重要，我不想有任何差错。李先生，希望您能理解。

李信文 重合同、守信用是我们公司的原则，我们一定会按时交货。不过，我完全理解您的要求，我们马上把这一条写进去。

史强生 谢谢！另外，我建议在意向书中增加这样一句话：今后双方每季度应举行一次会谈，以便随时解决合同执行中可能发生的问题。

李信文 这一条很必要。我马上加进去。谢谢！

2 正式签字 _ 정식 서명

李信文	史先生，这是合同的正本。凡是今天上午提出问题的地方，我们都按你们的意见做了修改。请您再看一遍。希望这次能让我们双方都满意。
史强生	（看合同）嗯，我认为所有条款都很详细清楚，看不出还有什么地方需要再修改、补充。白琳，你看呢？
白琳	我也觉得一切都很好。李先生，您费心了！
李信文	不客气，这是我应该做的事。请问贵方需要几份副本？
史强生	麻烦您每份文件给我两份副本。另外，如果方便的话，也请您给我发一份电子版的备份，以便保存。
李信文	行！我马上就把它们发到您的邮箱。如果没有其他问题的话，我想我们可以签字了。史先生，请您在这儿签字吧！
史强生	好。（签字）李先生，这次我们的合作非常成功。我非常高兴。希望今后跟您、跟贵公司能有更多的合作机会。
李信文	一定，一定！现在我们有了长期协议，合作的机会一定会越来越多！（倒茶）来，让我们以茶代酒，为了庆祝我们这次合作的圆满成功和今后的更多合作干杯！
白琳	（开玩笑）李先生，看起来今后我会常常来北京麻烦您了。您不会头疼吧？

签字 qiān zì 서명하다, 조인하다

仪式 yíshì 의식

审核 shěnhé 심의하다, 심사하여 결정하다

签署 qiānshǔ 서명하다

文件 wénjiàn 문서

对照 duìzhào 비교하다, 대조하다

意向书 yìxiàngshū 의향서

条款 tiáokuǎn 조항

金额 jīn'é 금액

包装 bāozhuāng 포장(하다)

验收 yànshōu 검수하다

遗漏 yílòu 누락하다, 빠뜨리다

指出 zhǐchū 지적하다

确认 quèrèn 확인(하다)

关于 guānyú ～에 관해서

根据 gēnjù 근거(하다), 따르다

不晚于 bù wǎn yú ～에 늦지 않다

补充 bǔchōng 보충(하다), 보완하다

延误 yánwù 질질 끌어 시기를 놓치다

造成 zàochéng (좋지 않은 상황을) 초래하다,
발생시키다, 야기하다

有权 yǒuquán 권리가 있다

申诉 shēnsù (소속기관이나 상급기관에) 제소하다,
호소하다

索赔 suǒpéi 변상[배상]을 요구하다

差错 chācuò 착오, 실수

重合同，守信用 zhòng hétóng, shǒu xìnyòng
계약을 중시하고 신용을 지키다

原则 yuánzé 원칙

按时 ànshí 제시간에, 제때에

季度 jìdù 분기

执行 zhíxíng 집행하다, 실행하다

必要 bìyào 필요(로 하다)

正本 zhèngběn 원본, 원판

凡是 fánshì 대강, 대체로

副本 fùběn 사본, 부본

电子版 diànzǐbǎn 전자판, 디지털 파일

备份 bèifèn 백업

邮箱 yóuxiāng 이메일, 우편함

以茶代酒 yǐ chá dài jiǔ 술 대신 차로 하다

庆祝 qìngzhù 경축하다

头疼 tóuténg 머리가 아프다, 두통

① 关于…… ~에 관해

- 关于交货时间，我想再跟您确认一下儿。
- 昨天的洽谈讨论的是关于双方长期合作的问题。

② 根据…… ~에 근거하여, ~에 따라

뒤에 명사나 동사목적어가 오며, 어떤 결론에 대한 구체적인 전제조건을 나타낼 때 쓴다.

- 根据我们上一次洽谈的结果，双方商定的交货时间是八月上旬和九月上旬。
- 我们可以根据客户的要求，对产品设计做出修改。

③ 不晚于…… ~이내까지, ~이전에

- 交货时间必须不晚于八月十号。
- 这批新产品投放市场的时间将不晚于三月上旬。

④ A+有权+동사+목적어 A는 ~할 권리가 있다

- 如果因为交货时间的延误造成买方的经济损失，买方有权提出索赔。
- 作为合作伙伴，我方有权获得更多的有关信息。

⑤ 凡是……都…… 무릇 ~는 모두 ~이다

'凡是' 뒤의 범위 내에서는 예외가 없음을 나타낸다.

- 凡是今天上午提出问题的地方，我们都按你们的意见做了修改。
- 凡是看了广告的客户，都对我们的产品很感兴趣。

中国的涉外经济法律、法规 _ 중국의 대외 경제 법규

TRACK **15-06**

　　为了更好地利用外国资本和先进技术来帮助中国经济的发展，中国政府从1979年开始陆续制订了一系列的涉外经济法律、法规。其中，最重要的是《中华人民共和国外资企业法》。《外资企业法》要求设立外资企业必须对中国国民经济的发展有利。它对外资企业的设立程序、组织形式、税务财会和外汇管理等各个方面都有清楚的说明。对于每一个打算到中国投资、做生意的外国人来说，了解这些法律、法规的内容是非常必要的。

　　中国的涉外经济法律、法规明确承诺保护外国投资者的合法权益，保证给予来中国投资的外国厂商、公司和个人以公平待遇。中国的涉外经济法律、法规强调平等互利的基本原则，同时也规定了解决争议的途径，即协商、调解、仲裁和诉讼等四种不同的方式。为了使争议得到公正合理的解决，中国也接受在第三国仲裁的要求。

　　全面、有效地实施中国涉外经济法律、法规明显地改善了中国的投资环境，起到了鼓励外国投资者的作用。今天的中国正在吸引着越来越多的外国投资者的关注。

涉外 shèwài 외국·외국인과 관련되다	待遇 dàiyù 대우(하다)
法律 fǎlǜ 법률	强调 qiángdiào 강조하다
法规 fǎguī 법규	平等互利 píngděng hùlì 호혜 평등
陆续 lùxù 계속하여, 끊임없이	规定 guīdìng 규정하다
其中 qízhōng 그중	争议 zhēngyì 논쟁하다, 쟁의하다
设立程序 shèlì chéngxù 설립 절차	协商 xiéshāng 협상하다
设立 shèlì 설립	调解 tiáojiě 중재, 화해, 조정
程序 chéngxù 절차	仲裁 zhòngcái 중재하다
税务 shuìwù 세무	诉讼 sùsòng 소송하다
财会 cáikuài 회계	公正 gōngzhèng 공정하다, 공평하다
明确 míngquè 명확하다	第三国 dì-sān guó 제3국
承诺 chéngnuò 승낙하다, 응답하다	实施 shíshī 실시하다
保护 bǎohù 보호하다	改善 gǎishàn 개선(하다)
合法 héfǎ 합법적이다	起作用 qǐ zuòyòng ~하는 효과가 있다
权益 quányì 권익	作用 zuòyòng 작용, 효과
给予 jǐyǔ 주다	关注 guānzhù 관심(을 가지다)
公平 gōngpíng 공평하다	

고유명사

中华人民共和国外资企业法 Zhōnghuá Rénmín Gònghéguó Wàizī Qǐyè Fǎ
중국외자기업법 [2019년 3월 15일 「중화인민공화국외국인투자법(中华人民共和国外商投资法)」이 통과되어 2020년 1월 1일부터 시행됨과 동시에 「외자기업법」은 폐지됨.]

① **利用A(来)+동사**　A를 이용하여 ~하다

- 中国政府希望利用外国资本和先进技术来帮助中国经济的发展。
- 我想利用这个机会(来)跟贵公司讨论一下儿明年融资问题。

② **从……开始**　~부터 시작하다

'从'은 '로부터', '~에서부터'라는 뜻으로 '从' 뒤에는 시간이나 장소의 시작 또는 출발점을 나타내는 명사가 온다.

- 中国从1979年开始陆续制订了一系列的涉外经济法律、法规。
- 从去年开始，那家创业公司一直在研发、生产节能家用电器。

③ **给予A以B**　A에게 B를 주다

- 外资企业法保证给予来中国投资的外国厂商、公司和个人以公平待遇。
- 作为合作伙伴，请贵公司给予我方以更多的支持和帮助。

④ **起到……作用**　~하는 작용이 있다, ~하는 효과가 있다

- 全面、有效地实施中国涉外经济法规起到了鼓励外国投资者的作用。
- 我相信这次我们的宣传造势活动一定会起到推销产品的作用。

I

1 예시와 같이 주어진 단어에 알맞은 단어를 조합해 보세요.

> 涉外 → 涉外法规　涉外活动

(1) 签署 → _____　_____

(2) 审核 → _____　_____

(3) 执行 → _____　_____

(4) 造成 → _____　_____

(5) 按时 → _____　_____

(6) 保护 → _____　_____

2 주어진 단어를 중국어로 해석하고, 그 단어를 이용하여 문장을 만들어 보세요.

> 周末：一个星期的最后两天；星期六和星期天。
> → 这次促销从这个周末开始。

(1) 关注：_____

(2) 陆续：_____

(3) 承诺：_____

(4) 平等互利：_____

1 '关于……'를 이용하여 질문에 답해 보세요.

(1) 请问，你拿的是一本什么小册子？

_____

(2) 明天要签署的是一份什么样的文件？

_____

2 '根据……'를 이용하여 질문에 답해 보세요.

(1) 你觉得为什么很多厂商都定期做市场调查？

_____

(2) 如果你打算自己创业，你怎样决定做什么？

_____

3 주어진 상황을 바탕으로 'A不晚于B'를 이용하여 대화를 완성해 보세요.

(1) 你：经理，我想跟您确认一下儿秋季订单的交货时间。

经理：_____

7월 31일보다 늦어서는 안 됩니다.

(2) 你：经理，公司希望我们什么时候提交评估报告？

经理：_____

다음 주 금요일을 넘겨서는 안 됩니다.

4 'A+有权+동사+목적어'를 이용하여 질문에 답해 보세요.

(1) 消费者买了质量有问题的商品应该怎么办？

_____

(2) 如果延误了交货时间，买方可以跟卖方提出什么要求？

_____

5 '凡是……都……'를 이용하여 질문에 답해 보세요.

(1) 你认为做什么生意没有风险？

_____

(2) 经理，这份合同上的哪些条款应该立刻执行？

_____

1 '利用+A+来+동사'를 이용하여 질문에 답해 보세요.

(1) 如果你是一个代理商，你怎样获得市场信息？

_____

(2) 如果你是公司总裁，你打算怎样为你的产品打开中国市场？

_____

2 '从……开始'를 이용한 문장을 완성해 보세요.

(1) 从到达中国的第一天开始，_____

(2) 从第一次洽谈开始，_____

(3) 从1979年改革开放开始，_____

3 '给予+A+以+B'를 이용하여 질문에 답해 보세요.

(1) 刘经理为什么决定去找那家民营银行谈贷款？

_____

(2) 我想了解一下儿，签约入驻园区的企业可以使用哪些公共设施和服务？

_____

4 '起到……作用'을 이용하여 질문에 답해 보세요.

(1) 销售旺季为什么还要降价、打折?

_____

(2) 为什么要在广告宣传中突出品牌形象?

_____

IV

▶ 독해와 작문 연습

1 본문 회화 내용을 바탕으로 질문에 답해 보세요.

(1) 中美双方将要签署什么文件?

(2) 白琳要求再次确认什么?

(3) 中方同意在合同中补充什么内容?

(4) 除了文件的正本以外,美方还需要什么?

(5) 谁代表中美双方签署文件?

(6) 为什么说今后双方一定会有更多的合作机会?

(7) 白琳问李先生:"您不会头疼吧?"你觉得李先生会头疼还是会高兴?
为什么?

◆ 계약서 예시

广州市新禧科贸有限公司
购货合同

买方：广州市新禧科贸有限公司　　　　　　　　　　合同编号：GXX17-007891

卖方：杭州市伟文文教用品公司　　　　　　　　　　签约时间：2020-8-10

一、商品信息

货号	品名	商标	规格	产地	数量	单位	单价	金额 / 元
PC1091	套装彩色铅笔	光明	标准 A	杭州	8000	6 支/套	7.00	56,000
NB3062	笔记本	光明	标准 A	杭州	5000	本	8.00	40,000
总计人民币：（大写）玖万陆仟元整								96,000

二、验收方法：按样验收

三、包装、运输及费用：买方负责

四、交货时间及地点：2020.9.1 前于杭州市伟文文教用品公司仓库

五、货款结算：验收交货当日以电汇(T/T)付款结算。

六、提出异议的时间和规定：卖方应对其产品质量负责。买方在产品有效期内如发现质量问题，由此产生的一切费用、损失由卖方负责。如发现数量/重量短少、包装破损，卖方有责任协助买方及有关责任方解决赔偿。

七、合同的变更和解除：任何一方要求变更或解除合同时，应及时以书面形式通知对方。通知送达时间不得晚于交货前一周。当事人一方在接到另一方要求变更或解除合同的要求后，应在三日内做出答复。逾期不做答复，即视为默认接受。双方就合同变更或解除达成协议以前，原合同依然有效。

八、合同争议的解决方式：本合同在履行过程中发生的争议，由双方当事人协商解决。协商无果，可依法向需方所在地人民法院提出诉讼。

九、本合同正本一式两份。买方与卖方各一份，均具有同等法律效力。

十、违约责任：按照本合同上述各条执行。

买方(章)：广州新禧科贸有限公司　　　　　　卖方(章)：杭州市伟文文教用品公司

单位地址：广州市珠江南路 123 号 36B　　　　单位地址：杭州市钱江路 765 号 11A

电话：020-28816166　　　　　　　　　　　　电话：0571-61522308

邮箱：xxkm@126.com　　　　　　　　　　　　邮箱：wwwj@yahoo.com

授权代理人签字：　　　　　　　　　　　　　授权代理人签字：

◆ 의향서 예시

意向书

中国东方进出口公司(英文名称: China Eastern Import & Export Corporation以下简称甲方)与US-Pacific Trading Company(中文名称: 美国太平洋贸易公司。以下简称乙方)于2020年6月10日经双方友好商谈, 对合资经营服装工厂共同拟订意向如下:

1. 合资工厂设立于中国深圳, 生产适销欧美市场的各类服装。
2. 甲方主要负责生产与管理, 乙方主要负责产品设计与海外市场营销。
3. 合资工厂的投资金额初步商定为9,000万美元, 投资比例为甲、乙双方各占百分之五十, 盈利亦按双方投资比例分配。
4. 甲乙双方同意在意向书签订之日起15天之内组成项目工作组, 负责该项目的各项前期准备工作。
5. 项目工作组成立后, 必须在60天之内制定并完成设立合资工厂的详细实施计划。
6. 甲乙双方对合资工厂项目各自向上级有关主管部门报告, 经获准后双方再进一步洽谈具体的合资协议。

甲方: 中国东方进出口公司　乙方: US-Pacific Trading Company
　　(签字、盖章)　　　　　　　　　(签字、盖章)

2020年6月10日

16

饯行告别

고별 연회

TRACK **16-01**

明天史强生和白琳就要回美国了。李信文以东方进出口公司的名义举行晚宴，庆祝中美两家公司这次成功的合作，同时也为史先生和白小姐饯行。

史强生과 白琳은 내일 미국으로 돌아가려 한다. 李信文은 동방수출입회사의 이름으로 연회를 열어 중미 양측의 성공적인 합작을 축하하고, 史 선생과 白 양을 위한 송별연을 베푼다.

1 在告别晚宴上 _ 송별연에서

李信文 史先生、白小姐，今天的晚宴有两个目的。一是庆祝我们两家公司的成功合作，二是为你们二位饯行。请允许我代表东方进出口公司对你们表示衷心的感谢。来，让我先敬你们一杯！感谢你们为这次洽谈的圆满成功所做的努力。

（大家干杯）

史强生 李先生，这次我们来中国的收获很大。我们都非常高兴。我也想借这个机会代表我的公司对您和东方进出口公司表示感谢。感谢东方公司给予我们的热情接待，尤其是感谢您为我们这次访问所做的种种安排。

李信文 哪里，哪里。这次能跟您和白小姐合作，我感到非常愉快。你们这次来中国，不但加强了我们之间的业务联系，而且加深了我们之间的互相理解。我相信有了这样一个良好的基础，我们今后一定会有更多的生意往来。

史强生 我完全同意。这次来中国，我亲眼看到了中国的发展。中国已经成为一个重要的经济大国。难怪现在有这么多国家的厂商要到中国来做生意。我敢说在美国一定有很多公司羡慕我们有了东方公司和李先生这样可靠的"关系"。（笑）李先生，今后还要请您多多关照啊！

话别、赠送礼物 _ 작별 인사와 선물 증정

白 琳　时间过得真快！我总觉得好像昨天我才刚到中国似的，可是明天一早我就要飞回美国了！

李信文　白小姐，如果您真想在中国多待一些日子，我们非常欢迎。

白琳　想倒是想，不过这要看我的老板是不是愿意给我假期了。

李信文　我有一个办法。也许下一次我们可以把这个问题也列入我们的谈判。史先生，您看怎么样？

史强生　（笑）对不起，这件事可没有谈判的余地！白琳是我最得力的助手，少了她可不行！

李信文　（笑）史先生如果也打算来中国度假的话，我们更加欢迎！

史强生　我倒是想带太太一起来中国旅行，就是总是没有时间。她一直说要来看看长城和兵马俑。

李信文　好啊，您什么时候决定了，请通知我。我负责替您安排。史先生、白小姐，这是我们公司送给你们的礼物，算是你们这次中国之行的纪念吧！

史强生　谢谢！

白琳　我现在就能打开看看吗？

李信文　当然，请！

白琳　啊，景泰蓝花瓶，真漂亮！李先生，谢谢你。

李信文　不用谢，都是一些小礼物，留个纪念。

史强生　李先生，我也有一件礼物，想送给您。

李信文　不敢当，不敢当，您太客气了！

史强生　请您一定要收下。另外还有两件礼物，想麻烦您带给王总经理和张红女士。

李信文	好吧。那我就收下了。谢谢！史先生、白小姐，明天我还有一个重要的会，所以不能给你们送行了，很抱歉。不过，张红主任会陪你们去机场。
史强生	您陪了我们这么多天，又专程从北京赶到这儿来，我们已经非常感谢了！
李信文	哪里哪里，不必客气。祝你们一路平安！希望我们很快会再见！
史·白	谢谢，再见！

단어 TRACK **16-04**

饯行	jiànxíng 송별연을 베풀다	赠送	zèngsòng 증정하다, 선사하다
告别	gàobié 작별 인사를 하다, 헤어지다	倒是	dàoshì ~일지라도, ~이라도
名义	míngyì 이름	列入	lièrù 끼워 넣다, 집어넣다
晚宴	wǎnyàn 저녁 연회, 이브닝 파티	余地	yúdì 여지
衷心	zhōngxīn 충심, 진심	得力	délì 유능한
收获	shōuhuò 수확(하다), 성과	度假	dù jià 휴가를 보내다
加强	jiāqiáng 강화하다, 보강하다	更加	gèngjiā 더욱 더, 한층
加深	jiāshēn 깊게 하다, 깊어지다	太太	tàitai 부인, 아내
往来	wǎnglái 왕래하다, 거래하다	花瓶	huāpíng 꽃병
难怪	nánguài 어쩐지	送行	sòngxíng 배웅하다, 전송하다
羡慕	xiànmù 부러워하다	专程	zhuānchéng 특별히
关系	guānxi 관계	一路平安	yílù píng'ān 가시는 길이 평안하시길 빕니다
话别	huàbié 작별의 말을 나누다		

고유명사

兵马俑	bīngmǎyǒng 병마용 [진시황릉에서 발견된 흙으로 빚어 만든 실제 크기의 병사와 말 인형]
景泰蓝	jǐngtàilán 징타이란 [동기(铜器) 표면에 무늬를 내고 파란 유약을 발라서 불에 구워낸 공예품]

① **以……的名义** ~의 명의로, ~의 자격으로

'以'는 자격을 나타내는 개사이며, 뒤에 명사가 온다.

- 李经理以东方进出口公司的名义举行晚宴。
- 这次史先生和太太是以参加交易会的名义来中国的。

② **所+동사+的** ~한

조사 '所'는 조사 '的'와 함께 '所+동사+的' 형식으로 활용되어 '명사'로서 쓰이거나, '명사를 수식하는 성분'으로 쓰일 수 있다.

- 感谢你们为这次洽谈的圆满成功所做的努力。
- 这些都是本公司目前所代理销售的产品。

③ **难怪** 어쩐지, 과연

원인이 무엇인지 깨달았을 때 쓰는 표현이다. '难怪'가 쓰인 절의 앞이나 뒤에는 반드시 진상을 설명하는 절이 온다.

- 难怪现在有这么多国家的厂商要到中国来做生意。
- 史先生已经找到了更便宜的货源，难怪他不想再谈判了。

④ **好像……似的** 마치 ~인 것 같다

- 我觉得好像昨天我才刚到中国似的。
- 陈厂长带来了很多货样，好像要开一个交易会似的。

⑤ **倒是……不过/就是……** (비록) ~일지라도 그러나 ~하다

여기서 '倒是'는 양보의 의미를 가지며 앞 절에 쓰인다. 뒤 절에는 '不过' 또는 '就是', '可是' 등이 쓰이기도 한다.

- 想倒是想，不过这要看我的老板是不是愿意给我假期了。
- 我倒是想带太太一起来中国旅行，就是总是没有时间。

建立可靠的长期合作关系 _ 믿을 만한 장기 협력 관계 조성

说到"关系"这个词，许多在中国做生意的外国人都会立刻想到"走后门"。不可否认，"走后门"常常是能够解决一些问题的，可是"走后门"这种"关系"并不保险。有时候"走后门"不但不能帮你的忙，反而耽误了你的正经事，甚至让你上当受骗。对于每一个打算到中国做生意的人来说，与其想办法"走后门"，不如踏踏实实地建立起一种平等互利的合作关系更可靠。

中国人重视长期合作关系。如果你是一个有心人，就会利用各种场合，让他们知道你的公司也非常重视这种关系。跟中国人做生意、打交道，你不妨开诚布公，让对方清楚地了解你的立场。在激烈的谈判中，耐心、理解、尊重和友好的态度都是不可缺少的。不要让中国人觉得你是一个只顾眼前利益的生意人。有时候，为了解决双方的争议，你不妨做出适当的妥协。这样做不但让中国人觉得有面子，而且使他相信你是一个通情达理、值得交往的朋友。

签订合同以后，大功告成。这正是你趁热打铁、巩固双方关系的好机会。除了干杯以外，不要忘了代表你的公司表示对今后继续合作的期待。让你的中国朋友相信你的公司确实有保持长期合作关系的诚意。你也不妨借这个机会给你的中国朋友送上一两件有意义的小礼物。中国人常说："礼轻情义重。"这样做，既表示了你对他们的感谢，又说明了你对双方友谊的重视。

总之，多了解一些中国文化，多了解中国人，这对你在中国的生意一定会有帮助。

祝你成功！

走后门 zǒu hòumén 뒷거래를 하다

不可否认 bùkě fǒurèn 부인할 수 없다

保险 bǎoxiǎn 보험, 안전하다, 보증하다

反而 fǎn'ér 도리어

耽误 dānwù 일을 그르치다

正经事 zhèngjingshì 정당한 일, 바른 일

受骗 shòu piàn 속임을 당하다, 속다

与其……不如…… yǔqí……bùrú…… ~하기보다는 차라리 ~하는 게 낫다

踏实 tāshi 성실하다, 착실하다

重视 zhòngshì 중요시하다, 중시하다

有心人 yǒuxīnrén 뜻 있는 사람

场合 chǎnghé 상황, 경우

开诚布公 kāichéng-bùgōng 속마음을 털어놓다

立场 lìchǎng 입장

尊重 zūnzhòng 존중하다, 중시하다

缺少 quēshǎo 모자라다, 결핍되다

只顾 zhǐgù 오로지 ~에만 정신이 팔리다

眼前 yǎnqián 눈앞, 목전

利益 lìyì 이익, 이득

妥协 tuǒxié 타협하다, 협의하다

面子 miànzi 면목, 체면

通情达理 tōngqíng-dálǐ 사리에 밝다

大功告成 dàgōng-gàochéng 큰 성공을 거두다

趁热打铁 chènrè-dǎtiě 기회를 적극 활용하다, 때를 놓치지 않고 밀어붙이다

巩固 gǒnggù 다지다, 견고하게 하다

期待 qīdài 기대(하다)

诚意 chéngyì 성의, 진심

有意义 yǒu yìyì 의미 있다

礼轻情义重 lǐqīng qíngyì zhòng 예물은 변변치 않으나 그 성의만은 크다

总之 zǒngzhī 요컨대, 결국

작별 인사로 자주 쓰이는 표현

- **后会有期** hòu huì yǒu qī 다음에 만납시다
- **请多保重** qǐng duō bǎozhòng 건강 조심하세요
- **请多联系** qǐng duō liánxì 자주 연락합시다
- **下次再见** xiàcì zàijiàn 다음에 또 만납시다
- **一路平安** yílù píng'ān 편안한 여행이 되시길 기원합니다
- **一路顺风** yílù shùnfēng 가시는 길이 무사하길 기원합니다
- **一帆风顺** yì fān fēngshùn 일이 순조롭게 진행되길 기원합니다
- **事事如意** shìshì rúyì 뜻하시는 바 이루시길 기원합니다

① **不但不……，反而……** ～할 수 없을 뿐만 아니라, 도리어 ～하다

앞 절은 당연히 일어나야 할 사항이 일어나지 않았음을 뜻하며, 뒤 절은 당연히 일어나지 않았어야 할 상황이 오히려 일어났음을 나타낸다.

- 有时候"走后门"不但不能帮你的忙，反而耽误了你的正经事。
- 王先生不但不肯跟我们合作，反而把销售代理权给了另一家公司。

② **与其A不如B** A하기보다는 차라리 B하는 게 낫다

비교한 후 A가 아니라 B를 선택함을 나타낸다.

- 与其想办法"走后门"，不如踏踏实实地建立起一种平等互利的合作关系更可靠。
- 与其每天自己上街推销产品，不如花一些钱在电视上做广告。

③ **借这个机会/借此机会** 이 기회를 빌어

- 你不妨借这个机会给你的中国朋友送上一两件有意义的小礼物。
- 我想借此机会表示我的感谢。

④ **总之** 요컨대, 한마디로 말하면, 결국

'总而言之'의 약칭으로, 앞에서 말한 것을 총괄하여 말할 때 쓴다.

- 总之，多了解一些中国文化，这对你在中国的生意一定会有帮助。
- 总之，这次中国之行的收获很大。

I

어휘 연습

1 질문에 중국어로 답해 보세요.

(1) "一路平安"有什么意思？什么时候你可以说"一路平安"？

_____

(2) "礼轻情义重"有什么意思？什么时候可以说"礼轻情义重"？

_____

(3) 什么样的人是"有心人"？

_____

(4) 什么是"通情达理"？在谈判中，什么样的态度是"通情达理"的态度？

_____

II

핵심 문형 연습 1

1 주어진 문장을 '以……的名义'를 이용한 문장으로 바꿔 보세요.

(1) 王总代表东方进出口公司给史强生先生写信，正式邀请他来访问。

_____

(2) 马局长代表主办单位举行宴会，欢迎参加交易会的客商们。

_____

2 주어진 요구에 맞게 '所+동사+的'를 이용하여 문장을 만들어 보세요.

(1) 指出哪种家用电器产品的牌子是你喜欢的。

_____

(2) 说出一个你想去度假的地方。

_____

3 '难怪'를 이용한 문장을 완성해 보세요.

(1) 白小姐刚刚跟好朋友话别，难怪_____

(2) 交货日期已经到了，可是货还没有收到。难怪_____

4 '好像……似的'를 이용하여 질문에 답해 보세요.

(1) 怎么关心地提醒你的朋友，你觉得他应该注意身体？

_____

(2) 怎么礼貌地告诉对方，你认为合同中的某一条条款需要修改补充？

_____

(3) 怎么小心地(/礼貌地)让你的老板知道，你觉得你的佣金太低了？

_____

5 주어진 문장을 '倒是……不过……'나 '倒是……就是……'를 이용하여 바꿔 보세요.

(1) 这件毛衣的式样张小姐很喜欢，可是价格她觉得贵了一点儿。

_____

(2) 王总很愿意把销售电脑的独家代理权交给长城公司，可是他已经跟另一家
公司有了合作协定。

_____

1 '不但不……，反而……'을 이용하여 질문에 답해 보세요.

(1) 为什么买了这种洗碗机的顾客都要求退货？

_____

(2) 为什么你不愿意给总经理当助理了？

_____

(3) 为什么你不想再跟那家公司合作了？

_____

2 당신과 李 사장이 여러 방면에서 의견 충돌이 있다고 가정하고, '与其A，不如B'를 이용하여 대화를 완성해 보세요.

(1) 李：我打算赠送给每位客户一件小礼物，表示我们的感谢。你觉得怎么样？

你：_____

(2) 李：这家公司的丝绸产品并不是最好的。不过他们的张经理是我们的老熟
人。你说我们这次买不买他们的产品？

你：_____

3 '借这个机会' 또는 '借此机会'를 이용하여 대화를 완성해 보세요.

(1) A：听说参加这个展销会的费用很高。公司决定要参展吗？

B：费用的确比较高，不过_____

(2) A：王总，您最近这么忙，明天的饯行晚宴您一定要亲自参加吗？

B：一定要参加！_____

4 '总之'를 이용하여 주어진 질문에 대한 자신의 생각과 견해를 말해 보세요.

(1) 到了一个人地生疏的地方应该注意什么？

_____

(2) 跟中国人做生意、打交道的时候应该注意什么?

_____

(3) 找产品销售代理的时候应该注意什么?

_____

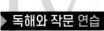

독해와 작문 연습

1   본문 회화 내용을 바탕으로 질문에 답해 보세요.

(1) 今天的晚宴是李信文以谁的名义举行的?

(2) 今天的晚宴有什么目的?

(3) 史先生为什么感谢李先生?

(4) 谁想来中国度假? 白小姐? 史先生? 还是史先生的太太?

(5) 谁给谁送了礼物?

(6) 谁会送史先生和白小姐去机场?

◆ 출국 신고서

<table>
<tr><td colspan="2" align="center">**外国人出境卡**
DEPARTURE CARD</td><td align="right">请交边防检查官员查验
For Immigration clearence</td></tr>
</table>

姓
Family name 　성

名
Given names 　이름

护照号码
Passport No. 　여권 번호

생년월일 出生日期
Date of birth 　年 Year　　月 Month　　日 Day　　　성별 男 □ Male　　女 □ Female

航班号 / 船名 / 车次
Flight No./ Ship's name/
Train No. 　비행기 편명　　　　国籍
Nationality

以上申明真实准确。
I hereby declare that the statement given above is true and accurate.

签名 Signature 　서명

妥善保留此卡，如遗失将会对出境造成不便。
Retain this card in your possession, failure to do so may delay your departure from China.

请注意背面重要提示。See the back →

◆ 감사 편지

尊敬的李经理：

您好！

我已于本月10日回国。这次在贵国洽谈业务期间，承蒙您的热情帮助，使我顺利地完成了任务。为此，谨向您表示最真诚的感谢。

我在贵国期间，您除了在业务上给予我很大的支持与帮助以外，在生活上还给予我很多的关心和照顾。特别是您在百忙中陪同我参观了工厂、游览了北京的名胜古迹。临行前，尊夫人又为我准备了丰盛的晚餐。为此，我再次向您及尊夫人表示衷心的感谢。

希望以后加强联系。欢迎您有机会到我们国家来。盼望有一天能在这儿接待您。

此致

敬礼！

白琳

2020年 ○月 ○日

（摘引自赵洪琴，吕文珍编《外贸写作》，北京语言学院出版社有删改）

부록

01 중국에 도착해서

비즈니스 회화

❶ 입국

세관 공무원 안녕하세요! 당신은 여행차 온 것인가요?

스창성 아니요. 저는 사업차 왔습니다. 여기 저의 여권과 입국 신고서입니다.

세관 공무원 이 짐 두 개가 모두 당신 것입니까? 이 트렁크 좀 열어 주십시오.

스창성 네, 알겠습니다.

세관 공무원 이것들은 무엇입니까?

스창성 이것들은 상품 소개서와 샘플이고, 이것은 선물입니다. 관세를 지불해야 합니까?

세관 공무원 상업적 가치가 없는 상품 소개서와 샘플은 면세입니다. 2,000위안을 초과하는 선물은 세금을 내야하는데, 당신은 그러실 필요가 없군요! 다만, 신고서 한 장을 더 작성해 주셔야 합니다.

바이린 아, 이것은 저희의 세관 신고서이고, 제 여권과 입국 신고서입니다.

세관 공무원 저것은 무엇입니까?

바이린 그것은 저의 절친한 친구예요!

세관 공무원 친구라니요?

바이린 (웃으며) 네, 저것은 제 컴퓨터입니다. 우리는 항상 함께 있어요. 그러니 가장 좋은 친구죠!

세관 공무원 (웃으며) 중국어 실력이 정말 대단하네요!

바이린 천만에요!

❷ 만남

바이린 보세요, 저분이 리 선생님이에요! (손을 흔들며) 리 선생님, 오래간만이에요. 안녕하세요!

리신원 안녕하세요! 바이 양, 우리 또 만났네요! 환영합니다!

바이린 제가 소개하겠습니다. 이분이 바로 동방(수출입)회사의 부사장이신 리 선생님입니다. 이분은 저희 사장님이신 스미스 씨입니다.

스창성 안녕하세요! 저는 존슨 스미스이고, 제 중국 이름은 스창성입니다.

리신원 안녕하세요! 저는 리신원입니다. 중국에 오신 것을 환영합니다!

스창성 감사합니다! 바이린이 항상 당신을 언급했었는데, 마침내 만났군요!

바이린 너무 좋네요! 열 몇 시간 동안 비행기를 타고 드디어 베이징에 도착했어요! 리 선생님, 공항으로 저희를 마중 나와 주셔서 감사합니다.

리신원 감사하다니요, 우린 오랜 친구잖아요. 입국 수속은 다 하셨나요?

바이린 다 마쳤습니다. 아주 순조롭게요!

리신원 자, 그럼 우리 갑시다. 차는 바로 밖에 있습니다. 제가 먼저 여러분들을 호텔에 모셔다 드릴게요. 많이들 피곤하시죠?

핵심 문형 |

① ▪ 당신은 여행차 온 것인가요?
  ▪ 저는 사업차 중국에 간 것입니다.

② ▪ 당신의 중국어 실력이 정말 대단하네요!
  ▪ 공항 서비스가 정말 좋군요!

③ ▪ 이분이 바로 동방(수출입)회사의 부사장이신 리 선생님입니다.
  ▪ 제 차는 바로 밖에 있습니다.

④ ▪ 바이린이 항상 당신을 언급했습니다.
  ▪ 이 제품에 대해 말씀 드리자면, 이번에 제가 샘플로 하나를 가져왔습니다.

⑤ ▪ 공항으로 저희를 마중 나와 주셔서 감사합니다.
  ▪ 리 선생님, 저희를 위해 호텔을 예약해 주셔서 감사합니다.

비즈니스 독해

중국에서 중국어 하기

중국에서 중국어를 하면 좋은 점이 많다. 가장 간단한 말인 '你好'는 종종 일을 쉽게 풀리게 한다. '你好'는 엄숙한 관리들이 당신에게 미소 짓게 하기도 하고, 긴장되는 협상이나 회담을 수월하게 해 주기도 한다. 중국어를 잘 못 한다고 걱정할 필요 없다. 당신이 중국어를 할 때, 중국인은 줄곧 매우 기뻐하며, 더 기꺼이 당신을 도와주고 있음을 발견할 수 있을 것이다.

중국어를 하면 친구를 쉽게 사귈 수 있다. 좋은 친구가 생기면, 사업을 하거나 일을 처리할 때 편리한 점이 아주 많다. 당신이 최대한 많이 말할 수 있는 만큼 매일 중국어를 하기만 한다면, 당신의 중국어 실력은 점점 좋아질 것이다.

핵심 문형 2

① ▪ 가장 간단한 말인 '你好'는 종종 일을 쉽게 풀리게 한다.

　 ▪ 그가 한 말은 그 공무원을 매우 화나게 했다.

② ▪ 당신이 중국어를 할 때, 중국인은 줄곧 매우 기뻐한다.

　 ▪ 내가 출구에 도착했을 때, 리 선생님이 나를 기다리고 있는 것을 보았다.

③ ▪ 당신이 매일 중국어를 하기만 하면, 당신의 중국어 실력은 점점 좋아질 것이다.

　 ▪ 시간이 나면, 제가 반드시 공항에 당신을 모시러 가겠습니다.

④ ▪ 당신은 반드시 매일 중국어 말하기 연습을 해야 합니다. 말할 수 있는 만큼 최대한 말하세요.

　 ▪ 이 상품들은 우리가 팔 수 있는 만큼 팔 수 있습니다.

⑤ ▪ 그의 중국어 실력이 점점 좋아지는군요.

　 ▪ 요즘 사업하러 중국에 가는 사람이 점점 많아지고 있습니다.

02 호텔에서

비즈니스 회화

① 체크인

종업원 안녕하세요!

리신원 안녕하세요! 어제 제가 이 두 분의 미국 손님 방을 예약했습니다. 제 성은 '리'입니다. 체크 좀 해 주십시오.

종업원 동방(수출입)회사의 리 선생님이십니까?

리신원 네, 리신원입니다.

종업원 리신원 씨의 두 분 손님께서는 호텔 숙박서를 작성해 주십시오.

리신원 제가 두 분을 위해 예약한 방 중 하나는 스탠다드룸이고, 하나는 스위트룸입니다. 스탠다드룸은 하루에 650위안이고, 스위트룸은 900위안입니다.

바이린 와, 작년보다 많이 비싸졌네요! 실례지만 영어로 작성해도 될까요?

종업원 그렇게 하세요. 죄송하지만, 여러분의 여권을 확인해야 합니다.

리신원 손님들은 먼저 보증금을 내야 하죠?

종업원 네. 현금으로 내셔도 되고, 신용카드로 결제하셔도 됩니다.

스챵성 신용카드로 하겠습니다.

종업원 네. 방은 19층에 있습니다. 여기 방 열쇠입니다. 엘리베이터는 바로 저쪽에 있습니다. 고맙습니다!

바이린 19층이요! 정말 좋아요! 그렇게 높으면 틀림없이 풍경이 멋질 거예요!

② 호텔 서비스

바이린 안녕하세요. 세탁실은 어디에 있나요?

종업원 셀프 세탁실은 2층에 있습니다. 만약에 세탁 서비스가 필요하시면, 손님께서 세탁할 옷을 세탁 주머니에 넣어서 저에게 주셔도 되고, 세탁 주머니를 방에 두시면 제가 조금 있다가 가지러 갈 수도 있습니다.

바이린 감사합니다! 실례지만, 모닝콜 서비스가 있나요?

종업원 있습니다. 1237번을 누르시고, 프런트 데스크에 몇 시에 일어나야 하는지 말씀해 주시기만 하면 됩니다.

바이린 어디서 인터넷을 할 수 있는지 아세요? 이메일을 확인해야 하거든요.

종업원 2층의 비즈니스 센터에서 인터넷을 사용하실 수 있어요. 만약에 손님께서 컴퓨터를 가져오셨다면, 손님의 방에서 바로 무료로 인터넷을 할 수 있고 비밀번호는 필요하지 않습니다.

바이린 그것 참 좋네요! 호텔 안에 헬스장이나 수영장도 있겠죠?

종업원 당연히 있습니다. 엘리베이터를 타고 꼭대기 층으로 가시면, 헬스장과 수영장이 바로 있습니다.

바이린 (조금 미안해하며) 그리고, 어디에서 인민폐로 환전할 수 있는지 아시나요?

종업원 외화 환전은 로비의 프런트 데스크에서 합니다.

스챵성 (웃으며) 죄송하지만, 식당은 몇 층이지요? 이렇게 많은 질문을 해대니, 이 아가씨 틀림없이 배가 고플 거예요!

핵심 문형 1

① ▪ 이 호텔은 서비스가 훌륭하고 시설이 완벽히 갖추어져 있을 뿐만 아니라, 위치 또한 매우 편리하다.

　 ▪ 바이린은 헬스장을 이용했을 뿐만 아니라, 세탁실에 가

서 옷도 빨았다.

② ▪ 어제 제가 이 두 분의 미국 손님 방을 예약했습니다.
　▪ 저희에게 인민폐를 환전해 주세요.

③ ▪ 와, (올해는) 작년보다 많이 비싸졌네요!
　▪ 비행기를 타는 것이 기차를 타는 것보다 10시간 빠릅니다.

④ ▪ 만약에 손님께서 컴퓨터를 가져오셨다면, 손님의 방에서 바로 무료로 인터넷을 할 수 있습니다.
　▪ 만약에 신용카드를 사용하지 않으신다면, 현금으로 내실 수 있습니다.

⑤ ▪ 그것 참 좋네요!
　▪ 하루 종일 밥을 먹지 않았더니, 배가 정말 고프네요!

비즈니스 독해 ▶

중국의 호텔

　중국에서는 호텔을 주점, 반점 또는 빈관이라고 부른다. 제일 좋은 호텔은 5성급 호텔로, 당연히 가장 비싼 호텔이다. 베이징의 왕푸징 힐튼호텔, 상하이의 진장호텔, 광저우의 바이원호텔 같은 곳이 모두 이런 대형 호텔이다. 일반적으로 3성과 3성 이상의 호텔은 시설이 비교적 잘 갖춰져 있고, 보통 식당, 기념품 가게, 헬스장, 뷰티 살롱, 세탁실, 비즈니스 센터 등이 있다. 이러한 시설은 모두 편리한데, 비즈니스 센터는 특히 편리하다. 그곳에서 당신은 인터넷을 사용하여 이메일을 발송할 수 있고, 컴퓨터, 프린터, 복사기를 사용할 수 있다. 많은 호텔들은 외환 환전, 티켓 예약, 렌터카 서비스, 현지 여행 등의 서비스를 제공한다. 만약 당신이 중국에서 호텔에 묵을 예정이라면 여행사의 도움을 받아 예약하거나, 직접 인터넷으로 예약하는 것이 제일 좋다. 또는 친구에게 도움을 요청하거나, 혹은 스스로 호텔에 전화를 걸어 예약할 수도 있다.

핵심 문형 2

① ▪ 제일 좋은 호텔은 5성급 호텔로, 당연히 가장 비싼 호텔이다. 베이징의 왕푸징 힐튼호텔, 상하이의 진장호텔, 광저우의 바이원호텔 같은 곳이 모두 이런 대형 호텔이다.
　▪ 이 호텔은 많은 서비스를 제공하는데, 외환 환전, 티켓 예약, 렌터카 등과 같은 것들이다.

② ▪ 이러한 시설은 모두 편리한데, 비즈니스 센터는 특히 편리하다.
　▪ 그들은 입국이 그다지 순조롭지 않았는데 특히 세관 신고를 할 때 그랬다.

③ ▪ 만약 당신이 호텔에 묵을 예정이라면 여행사의 도움을 받아 예약하거나, 직접 인터넷으로 예약하는 것이 제일 좋다.
　▪ 신용카드를 사용하는 것이 가장 좋습니다.

④ ▪ 당신은 친구에게 도움을 요청하거나, 혹은 스스로 호텔에 전화를 걸어 예약할 수도 있다.
　▪ 상하이행 항공권 두 장을 예약해 주십시오.

03 공식 면담

비즈니스 회화 ▶
❶ 안부와 소개

왕궈안　환영합니다! 어서 오세요.

리신원　제가 소개해 드리겠습니다. 이분은 미국국제무역회사 아시아 지역 총재 스창성 선생이고, 이분은 그의 비서 바이린 양입니다. 이분은 우리 회사의 사장이신 왕궈안 선생입니다. 이분은 공공관계부 주임 장홍 여사입니다.

스창성　만나 뵙게 되어 기쁩니다! 안녕하세요! (악수하면서) 제 명함입니다. 많은 지도 부탁 드립니다.

왕궈안　별말씀 다 하십시오. 이건 제 명함이고, 앞으로 저 역시 잘 부탁합니다!

스창성　별말씀을요!

왕궈안　우리 앉아서 얘기 나눕시다. (차를 따르면서) 차 좀 드십시오. 어제저녁에는 잘 쉬셨습니까?

스창성　아주 잘 쉬었습니다. 호텔은 매우 편하고, 서비스도 아주 세심합니다. 귀사의 배려에 감사드립니다.

왕궈안　별말씀을요. 저희가 해야 할 일인데요. 베이징에 계시는 동안 무슨 문제가 있으면 언제든지 저나 리 선생에게 연락을 주시거나 장홍 주임에게 알려 주세요.

장홍　여기 제 명함입니다. 위쪽에 제 사무실 전화번호와 휴대전화 번호가 있어요.

스창성·바이린　고맙습니다!

리신원　왕 사장님, 바이린 양은 우리들의 오랜 친구입니다. 작년 여름 베이징에 왔을 때에도 창청호텔에 묵었죠.

왕궈안　정말 잘됐군요! 바이 양, 중국에 다시 오신 걸 환영합니다!

바이린　고맙습니다! 지난번에 리 선생님이 저에게 많은 도움을 주셔서, 같이 일하는 것이 무척 즐거웠습니다. 저는 베이징을 아주 좋아합니다.

❷ 방문 목적 설명

스챵성 이번에 저희가 중국에 온 목적은 귀사와 금년 가을철 새 주문서와 판매 대리 계약에 대한 문제를 협상해 보고 싶어서입니다. 그 밖에도, 만약 가능하다면 공장 몇 곳을 참관해서 생산 상황을 좀 살펴보고 싶습니다.

왕궈안 좋습니다. 1차 회의를 내일 오전에 마련할 생각입니다. 공장 방문은 리 선생님께서 지금 그쪽 담당자와 연락하고 계십니다. 잠시 뒤 그에게 구체적인 일정을 여러분께 알려드리라고 하겠습니다.

바이린 만약에 시간이 있다면 저희는 상하이와 선전으로 가서 그쪽의 투자 환경을 시찰해 볼 수 있기를 원합니다.

리신원 제 생각에는 모두 문제 없을 것 같습니다. 오늘 오후에 바로 일정에 대해 얘기 하죠.

스챵성 좋습니다. 저희는 일정을 조금 일찍 확정하고 싶습니다.

장홍 오늘 저녁 왕 사장님이 스 선생님과 바이 양을 환영하는 의미에서 저녁 식사에 초대하려고 하십니다. 바이 양, 저녁 6시 반에 제가 호텔로 모시러 가도 될까요?

바이린 그럼요! 6시 반에 저희는 로비에서 기다리겠습니다.

핵심 문형 1

① ▪ 왕궈안 사장은 동방수출입회사를 대표하여 미국 측을 환영했다.
　▪ 스 선생이 미국 측을 대표하여 이번 방문의 목적을 설명했다.

② ▪ 제가 소개해 드리겠습니다.
　▪ 잠시 뒤 그에게 구체적인 일정을 여러분께 알려드리라고 하겠습니다.

③ ▪ 베이징에 계시는 동안 무슨 문제가 있으면 언제든지 저나 리 선생에게 연락해 주세요.
　▪ 이번 방문 기간에 미국 측 대표는 네 개의 공장을 참관했다.

④ ▪ 이번에 저희가 중국에 온 목적은 귀사와 금년 가을철 새 주문서에 관해 협상해 보고 싶어서입니다.
　▪ 그가 선전에 간 목적은 투자 환경을 시찰하기 위해서이다.

비즈니스 독해

주객 만남의 예의

중국인은 늘 악수로써 환영, 감사 혹은 우호를 표시하는 것에 익숙하다. 주객이 만날 때, 주인은 반드시 먼저 손님과 악수로 인사를 표시한다. 중국인은 서로 포옹하는 것에 익숙하지 않다. 설사 오랜 친구라 해도 만났을 때 포옹하는 것을 중국인은 그다지 편하게 여기지 않는다.

주객 만남의 예의에는 당연히 인사말과 겸양의 인사 등이 포함된다. "안녕하세요." "요즘 어떠신지요?" "만나 뵙게 되어 반갑습니다." "만나 뵙게 되어 기쁩니다." "존함은 오래전부터 들었습니다." "많이 가르쳐 주십시오." 등은 모두 일상적으로 쓰는 인사말과 사양의 말이다.

대다수 중국인들은 처음 만났을 때 서로 명함을 교환하는 것을 좋아한다. 다른 사람이 당신에게 명함을 줄 때, 당신은 반드시 두 손으로 받아서 예의를 나타내야 한다. 명함은 당신이 상대방의 이름을 기억하는 데 도움을 줄 수 있을 뿐만 아니라 이후에 서로 연락하기에도 편하다. 말한 김에 한마디 덧붙이자면, 어떤 사람들은 명함에 자신의 직함을 많이 열거하는 것을 좋아한다. 안심하라. 당신은 첫 번째 직함만 기억하면 충분하다. 일반적으로, 첫 번째로 나온 직함이 보통 가장 중요하다.

핵심 문형 2

① ▪ 중국인은 늘 악수로써 환영, 감사 혹은 우호를 표시하는 것에 익숙하다.
　▪ 나는 매일 7시에 일어나는 것이 습관이 되었다.

② ▪ 설사 오랜 친구라 해도 만났을 때 포옹하는 것을 중국인은 그다지 편하게 여기지 않는다.
　▪ 신고할 물건이 없더라도, 세관 신고서는 작성하셔야 합니다.

③ ▪ 명함은 당신이 상대방의 이름을 기억하는 데 도움을 줄 수 있을 뿐만 아니라 이후에 서로 연락하기에도 편하다.
　▪ 프런트 데스크에서는 현금을 받을 뿐만 아니라, 신용카드 사용도 가능합니다.

④ ▪ 우리 앞으로 연락하기 편하도록 서로 명함을 교환합시다.
　▪ 리 선생님이 일정을 확정하기 쉽도록 그에게 당신의 계획을 조금 일찍 알려 주세요.

---

04 일정 짜기

비즈니스 회화

❶ 일정 토론

리신원 스 선생님, 바이 양, 지금 일정에 대해 이야기하면 어떨까요?

스챵성 좋습니다. 이번에 중국에 와서 저희는 할 일도 많고 가고자 하는 곳 역시 적지 않으니, 계획을 잘 세워야 합니다. 리 선생님, 저희들은 중국에서 총 8일 머물 예정입니다. 선생님이 보시기에 시간이 충분한가요?

리신원 음, 들어보니 시간이 확실히 약간 촉박하네요. 그러나 합리적으로 일정을 짠다면 문제 없을 것입니다.

바이린 리 선생님은 스케줄 짜는 데 매우 경험이 많아요. 작년에 제가 베이징에 있을 때, 매일매일 스케줄을 매우 빡빡하게 짜 놓으셨죠. 오전에는 업무 회의, 오후에는 참관, 저녁에는 공연을 보느라 남자 친구에게 전화 걸 시간조차 없었어요! (웃음)

리신원 (웃으며) 미안해요, 바이 양. 이번에는 반드시 전화할 수 있는 시간을 특별히 남겨 두도록 하죠.

바이린 괜찮아요, 그럴 필요 없어요! 어차피 지금은 이미 헤어졌어요!

❷ 일정 변경

리신원 이번 일정을 저는 이렇게 짜려고 합니다. 앞의 닷새는 베이징에서, 뒤의 사흘 중 이틀은 상하이에서, 하루는 선전에 머무는 것입니다. 어떻게 생각하세요?

스챵성 선전에서 하루만 머무는 것은 시간이 너무 짧지 않을까요? 선전은 투자 환경이 좋고 경제 발전이 빠르다고 들었습니다. 특히 첨단 과학기술 산업의 발전 말입니다. 직접 볼 기회가 있었으면 좋겠습니다.

리신원 그렇다면 베이징에서 나흘, 상하이와 선전에서 각각 이틀씩 머물도록 계획을 바꿀 수 있습니다. 괜찮으세요?

바이린 제 생각에는 그렇게 하는 것이 괜찮을 것 같아요. 리 선생님, 베이징에서의 스케줄은 어떻게 짜셨나요?

리신원 베이징에서는 업무 회의 외에 의류 공장과 완구 공장을 참관하고, 자금성과 만리장성을 관광할 겁니다.

스챵성 일정이 잘 짜여졌네요. 빈틈이 없어요. 리 선생님, 신경 많이 쓰셨습니다!

리신원 뭘요. 당연히 제가 해야 할 일인데요. 또 오늘 저녁 7시에는 환영회가 있고, 내일 저녁에는 의류 공장의 첸 공장장이 두 분을 식사에 초대하고 싶어하세요. 모레 저녁에는 제가 여러분께 유명한 베이징카오야를 맛보여드리고 싶습니다만 …….

스챵성 리 선생님, 정말 친절하시군요!

바이린 (스챵성에게) 제가 작년에 왜 살이 10파운드나 쪘는지 이제야 아시겠죠? (웃음)

핵심 문형 1

① ■ 베이징에서 업무 회의를 하는 것 외에도 그들은 상하이와 선전으로 가 투자 환경을 시찰하려 한다.

■ 샘플 이외에 그는 선물 몇 개도 가지고 왔다.

② ■ (저는) 남자 친구에게 전화 걸 시간조차 없었어요!

■ 나는 심지어 컴퓨터까지 가지고 왔다.

③ ■ 어차피 지금은 이미 헤어졌어요!

■ 현금이 없어도 괜찮아요. 어쨌든 저는 신용카드가 있습니다.

④ ■ 우리는 베이징에서 나흘, 상하이와 선전에서 각각 이틀씩 머물도록 계획을 바꿀 수 있습니다.

■ 죄송합니다. 제가 100위안을 10위안으로 보았군요.

비즈니스 독해

잘 먹고, 잘 놀고, 장사도 잘 하고

중국은 땅이 크고 인구가 많으며, 교통이 복잡하다. 외국인이 중국에서 여행할 때는 언어 문제뿐 아니라, 항상 생각지도 못한 번거로운 일들을 만나게 된다. 만약 당신이 중국에 출장 갈 계획이라면, 반드시 여행 계획을 잘 짜야 한다. 견학하거나 방문, 시찰하고 싶은 곳을 중국 측의 접대 부서에 말해 그들이 당신을 위해 일정을 짜고 숙소를 예약하며 항공권이나 기차표를 예약하게 할 수 있다. 또한 그들이 접대 준비를 하기 편하도록 당신의 일정표를 이메일로 미리 중국 측에 발송할 수도 있다.

당신이 중국에 가서 비즈니스 협상을 하든 사적인 방문을 하든, 관광과 연회 참석은 중국인이 계획한 일정에서 빠질 수 없는 내용이다. 특히 잦은 식사 초대는 때로는 심지어 일종의 부담이 될 수도 있다. 중국인은 손님을 초대해서 식사하는 것이 관계를 돈독히 하고, 우의를 쌓는 데 도움이 된다고 생각한다. 푸짐한 저녁 식사를 대접 받은 후에 어느 누가 호스트에게 'No'라고 말할 수 있겠는가?

핵심 문형 2

① ■ 외국인이 중국에서 여행할 때는 언어 문제뿐 아니라, 항상 생각지도 못한 번거로운 일들을 만나게 된다.

■ 우리의 올해 여행은 즐기는 것도 좋았을 뿐 아니라, 먹는 것 또한 매우 좋았다.

② ■ 당신이 중국에 가서 비즈니스 협상을 하든 사적인 방문을 하든, 관광과 연회 참석은 중국인이 계획한 일정에서 빠질 수 없는 내용이다.

- ■ 일반실 예약을 원하시든 스위트룸 예약을 원하시든 관계 없이 우리는 모두 있습니다.
③ ■ 중국인은 손님을 초대해서 식사하는 것이 관계를 돈독히 하고, 우의를 쌓는 데 도움이 된다고 생각한다.
- ■ 중국어를 할 수 있다는 것은 중국인과 친구가 되는 데 도움이 된다.
④ ■ 푸짐한 저녁 식사를 대접 받은 후에 어느 누가 호스트에게 'No'라고 말할 수 있겠는가?
- ■ 이렇게 좋은 상품을 어느 누가 좋아하지 않을 수 있을까요?

05 연회 참석

비즈니스 회화

❶ 상석으로 앉으세요

왕궈안 스 선생님, 바이 양. 오셨군요! 들어오세요, 들어오세요!

스창셩 감사합니다!

바이린 식당의 인테리어가 매우 아름답군요!

장훙 그렇죠. 이곳은 베이징에서 가장 유명한 식당 중 하나입니다. 많은 사람들이 여기 오길 좋아해요.

왕궈안 제가 두 분께 소개해 드리겠습니다. 이분은 외무국의 마 국장님이십니다. 이분은 미국국제무역회사의 스 선생님이시고, 이분은 바이 양입니다.

마 국장 환영해요! 두 분께서 중국에 오신 것을 환영합니다! (악수하면서) 며칠 동안 고생 많으셨죠!

스창셩 괜찮습니다. 별로 피곤하지 않아요. 비록 시차가 좀 있긴 했지만 어제 잘 쉬었습니다. 왕 사장님께서 저희를 위해 세심하게 준비해 주셨습니다.

왕궈안 여러분 자리에 앉아 주세요! 스 선생님, 바이 양, 두 분께서는 손님이시니, 여기 앉으세요. 여기가 상석입니다. 마 국장님, 여기 앉으세요!

마 국장 사장님이 주인이시잖아요. 당연히 손님들과 함께 앉으셔야죠!

왕궈안 아닙니다, 아닙니다. 국장님께서 윗사람이니 마땅히 귀빈과 함께 앉으셔야죠. 저는 국장님 옆에 앉겠습니다. 자, 여러분 모두 편히 앉으세요!

❷ 건배!

왕궈안 오늘 저녁은 스 선생님과 바이 양을 환영하기 위한 자리입니다. 모두들 우선 술을 좀 마시는 것이 어떨까요? 스 선생님, 마오타이주를 드시겠습니까, 아니면 와인을 드시겠습니까?

스창셩 마오타이주가 아주 유명하다고 들었는데, 마오타이주로 하겠습니다.

왕궈안 바이 양은요?

바이린 저는 술을 잘 마시지 못하니 와인으로 할게요.

왕궈안 "멀리서 친구가 찾아오니 이 또한 즐겁지 아니한가?"라고 공자께서 말씀하셨죠. 자, 스 선생님과 바이 양을 환영하는 의미에서 건배합시다! (모두 건배한다)

마 국장 스 선생님, 음식 드세요. 이것들은 모두 냉채입니다. 좀 기다리면 주 요리와 탕이 나옵니다. 자, 이것 좀 맛 보세요! (공용 젓가락으로 스창셩에게 음식을 집어 준다)

스창셩 고맙습니다! 제가 알아서 먹겠습니다.

(종업원이 음식을 가져온다)

장훙 오늘의 요리는 모두 이 식당의 특별 요리입니다. 바이양, 먹어 보세요. 괜찮나요?

바이린 음, 아주 맛있어요!

장훙 맛있다면 많이 드세요! 이것도 더 드셔 보세요.

바이린 (웃으며) 고맙습니다. 테이블에 음식이 너무 많아서 다 못 먹겠어요!

스창셩 왕 사장님, 저도 술 한 잔 권합니다. 여러분의 진심어린 초대에 감사드립니다.

왕궈안 좋아요. 우리 다 같이 건배합시다. 양측의 합작이 원만히 성공하길 빌며!

핵심 문형 1

① ■ 이곳은 베이징에서 가장 유명한 식당 중 하나입니다.
- ■ 저희 회사는 중국의 유명한 무역 회사 중 하나입니다.
② ■ 비록 시차가 좀 있긴 했지만 어제 잘 쉬었습니다.
- ■ 이 호텔은 비싸긴 하지만, 서비스는 매우 좋습니다.
③ ■ 맛있다면 많이 드세요!
- ■ 기왕 피곤하신 김에, 좀 쉬십시오.
④ ■ 음식이 너무 많아서 다 못 먹겠어요!
- ■ 물건을 이렇게 많이 사서, 우리가 다 들고 가기 힘들겠다!

중국인의 연회

　중국요리는 세계적으로 유명하다. '중국에서 먹는다'는 것은 자연히 아주 중요한 일이다. 중국인의 연회는 항상 매우 성대하다. 유명한 만한전석에는 백 가지가 넘는 음식이 있다고 한다. 일반적인 파티일지라도 십여 가지의 음식이 나온다. 연회에서 귀빈과 주인은 상석에 배정받는데, 일반적으로 문이나 입구 쪽을 마주보는 자리가 상석이다. 연회에 당연히 술이 빠질 수 없다. '건배'의 의미는 술잔에 있는 술을 완전히 마신다는 것이다. 그러나 만약 당신이 바로 술에 취하고 싶지 않다면 단숨에 술을 마시지 않는 것이 좋다. 중국인은 먼저 술을 마신 다음 요리를 먹고 밥과 탕을 먹는 것이 습관이 되어 있기 때문에, 음식은 먼저 냉채가 나오고 다음에 볶음과 주 요리가 나오며 마지막에 밥과 탕 그리고 후식 순서로 나온다. 이전 세대 중국인의 또 하나의 습관은 주인이 손님에게 음식을 집어 주는 것이다. 이것은 진심을 뜻하기도 하며 주인이 손님 대접을 좋아한다는 것을 말해 준다. 만약 당신이 이런 방식에 익숙하지 않다면 당신은 주인에게 "고맙습니다. 제가 알아서 먹겠습니다."라고 말해도 된다.

핵심 문형 2

① ▪유명한 만한전석에는 백 가지가 넘는 음식이 있다고 한다.
　▪왕 사장님에 의하면, 미국의 무역 대표단이 내일 우리 회사를 참관하러 온다고 한다.
② ▪중국에서는 일반적인 파티일지라도 십여 가지의 음식이 나온다.
　▪설사 당신이 바쁘더라도, 그에게 전화를 해야 합니다.
③ ▪당신은 단숨에 술을 마시지 않는 것이 좋다.
　▪우리 이 일들을 단숨에 끝내 놓고 쉬자. 어때?
④ ▪중국인은 먼저 술을 마신 다음 요리를 먹고, 그 다음에 밥을 먹고, 마지막에 탕을 먹는 것이 습관이 되어 있다.
　▪내일 일정은 먼저 공장을 참관하고, 연회에 참석한 다음, 마지막으로 영화를 보는 것입니다.

06 1차 협상

❶ 상품 소개

왕궈안 스 선생님, 바이 양, 방금 함께 제품 영상을 보았습니다. 이어서 리 매니저가 두 분께 구체적으로 상품과 가격을 설명하려고 하는데, 어떠신지요?

스챵성 좋습니다. 우리가 온 목적이 바로 비즈니스를 하려는 것이지요. 저는 올해 귀사가 어떤 물건을 공급할 수 있는지 빨리 알고 싶습니다.

리신원 이것이 우리 회사의 올해 상품 카탈로그입니다. 두 분 훑어 보세요.

스챵성 리 선생님, 이것들 모두 올해 새로 디자인된 것입니까?

리신원 80%가 새로 디자인된 것입니다. 마지막에 나열되어 있는 것만 기존 상품이고요 제가 또 견본품 몇 개를 가져 왔으니 한번 보세요. (견본품을 꺼내며)

바이린 음, 정말 예쁘네요! 리 선생님, 저는 이 디자인들이 아주 마음에 드네요. 특히 이 스웨터는 색깔과 스타일 모두 좋아요.

리신원 (웃으며) 이 옷이요? 이 옷은 바이린 양이 지난 번에 건의한 내용을 반영한 디자인인데요. 바이 양, 잊었나요?

바이린 (웃으며) 그래요? 그렇다면 리 선생님께서 저에게 어떻게 사례하실 건가요?

❷ 가격에 대한 질문

스챵성 왕 사장님, 귀사에서 이번에 내놓은 상품은 매력적이네요. 특히 새로 디자인된 것들이요. 혹시 카탈로그에 제시된 가격은 소매가인가요, 도매가인가요?

왕안 카탈로그상의 가격은 모두 소매가격입니다. 도매가격은 15%에서 25% 내려야 합니다. 그밖에 일부 신상품은 특별 할인가가 있습니다.

바이린 리 선생님, 어떤 제품들은 카탈로그에 가격이 나와 있지 않네요. 그 제품들의 가격을 알려 주실 수 있나요?

리신원 가격이 나와 있지 않은 것은 모두 시판품입니다. (카탈로그를 가리키며) 이 청바지와 스웨터 몇 종은 모두 제조업자가 시험 생산한 것입니다. 만약에 귀사에서 관심이 있다면 가격은 동종 제품의 현재 시장 가격을 참고해서 따로 상의할 수 있어요.

스챵성 제가 알고 있는 바에 따르면 귀사의 양복 가격은 다른 회사의 동종 제품보다 좀 비싼 것 같은데, 왜 그런가요?

리신원 저는 우리 제품의 가격이 약간 높은 것은 제품의 품질
   및 디자인과 관계있다고 생각해요. 특히 이 브랜드는
   고객들의 많은 사랑을 받고 있습니다. 다시 한번 비교
   해 보셔도 좋습니다.

스챵성 좋습니다. 저는 이 자료들을 가지고 돌아가서 다시 한
   번 자세히 살펴보겠습니다.

왕궈안 (손목시계를 보며) 아, 벌써 12시가 넘었군요. 먼저 점
   심 식사부터 하고 나서 계속 얘기 나누죠.

바이린 (농담조로) 동의합니다. 제 배는 이미 저와 협상 중입
   니다!

핵심 문형 1

① ■ 저는 이 새로운 디자인들에 특히 관심이 있습니다.
  ■ 미국 대표단은 올해의 무역 전시회에 매우 관심이 있습
    니다.

② ■ 오늘 리 매니저가 미국 대표에게 상품과 가격 상황을 소
    개했습니다.
  ■ 내일 미스 장이 호텔로 여러분을 모시러 갈 것입니다.

③ ■ 제가 알고 있는 바에 따르면 귀사의 양복 가격은 다른
    회사의 동종 제품보다 좀 비싼 것 같아요.
  ■ 귀사의 건의에 따라서, 저희는 몇 가지 전통적인 디자인
    을 남겨 놓았습니다.

④ ■ 이 상품의 가격은 품질 및 디자인과 관련이 있습니다.
  ■ 매일 이렇게 바쁜 것은 우리의 일정과 관련이 있습니다.

비즈니스 독해

세 군데는 비교해 봐야 손해 보지 않는다

물건을 사든 장사를 하든, 가격은 사는 사람과 파는 사람
에게 최고의 관심사 중 하나이다. 중국에는 "세 군데는 비교
해 봐야 손해 보지 않는다."라는 옛말이 있다. 만약 당신이 물
건을 사고 싶다면 여러 상점을 다녀 보고 가격과 품질을 비교
해 보는 것이 가장 좋다는 것이다. 이렇게 해야 손해 보지
않고 속지 않으며, 저렴하면서도 만족스러운 좋은 물건을 살
수 있는 것이다.

1979년 개혁·개방 정책을 실시한 후부터, 중국의 시장 경
제는 많이 발전하였다. 상품의 가격, 품질과 종류에서 고객
들은 더 많은 선택의 기회를 갖게 되었다. 시장 경쟁은 한편
으로는 많은 기회를 가져왔고 한편으로는 많은 도전을 가져
왔다. 만약 당신이 중국에서 사업을 계획이라면, 반드시 먼저
중국의 시장 상황을 이해하고, 관련 정보를 충분히 파악하고
있어야 한다. 『손자병법』에서 말하길 "나를 알고 남을 알면"

성공할 수 있다고 하였다. 장사 또한 이와 같다.

핵심 문형 2

① ■ 이렇게 해야만 비로소 손해 보지 않고 속지 않는다.
  ■ 샘플을 보고 난 이후에야 비로소 우리는 결정할 수 있다.

② ■ 여러 상점을 다녀 보고 가격을 비교해 봐야 저렴하면서
    만족스러운 좋은 물건을 살 수 있다.
  ■ 이번에 중국에는 사업 얘기도 하고, 참관하고 살펴보기
    도 하려고 왔다.

③ ■ 개혁·개방 정책을 실시한 후부터, 중국의 시장 경제는
    많이 발전하였다.
  ■ 중국에 온 이후로 스 선생은 매일 중국어로 말한다.

④ ■ 상품의 가격, 품질, 종류 면에서 고객들은 더 많은 선택
    의 기회를 갖게 되었다.
  ■ 스타일 면에서 귀사가 올해 내놓은 새 디자인은 매우 매
    력적이네요.

⑤ ■ 시장 경쟁은 한편으로는 많은 기회를 가져왔고 한편으
    로는 많은 도전을 가져왔다.
  ■ 올해 우리는 한편으로는 전통적인 상품들을 남겨 두었
    고, 한편으로는 몇몇 새로운 디자인을 내놓았다.

07 공장 견학

비즈니스 회화

❶ 접견실에서

장훙 천 공장장님, 손님이 도착했어요!

천 공장장 환영해요! 우리 공장에 오신 걸 환영합니다! 제 소개
   를 하죠. 제 이름은 천따팡이고, 이곳의 공장장입니다.
   당신이 바로 미국국제무역회사의 스 선생님이시죠!

스챵성 네, 제가 스챵성입니다. 이쪽은 저의 비서, 바이린 양
   입니다.

바이린 안녕하세요, 천 공장장님! 장 주임님 말에 의하면 우리
   가 작년에 주문한 전동 완구를 바로 여기서 생산했다
   고 하던데, 맞습니까?

천 공장장 네, 맞아요. 저는 그 완구들을 크리스마스 전에 서둘
   러 납품한 걸로 기억합니다. 스 선생님, 바이 양, 귀사
   는 그 제품들에 대해 만족하십니까?

스챵성 대단히 만족해요. 우리가 이번에 온 이유는 첫째는 귀
   공장에 감사를 표하고, 둘째는 직접 귀 공장의 생산 상

황을 보고 싶어서입니다.

천 공장장 스 선생님, 너무 겸손하십니다! 이렇게 하죠. 먼저 함께 영상을 보시고 저희 공장의 상황에 대해 대략적인 이해를 하신 후, 제가 여러분들을 모시고 생산 구역의 각 작업장을 보여 드리겠습니다. 장 주임님, 어떠세요?

장홍 좋습니다! (스창성과 바이린에게) 두 분 혹시 궁금한 점이 있으시면, 언제든 천 공장장에게 말씀해 주십시오. 그는 여기에 이미 십년 넘게 계셔서, 공장 안의 여러 가지 상황에 대해 매우 잘 알고 있습니다.

스창성·바이린 좋습니다!

❷ 생산 구역에서

천 공장장 여기는 우리 공장의 조립 작업장입니다. 제품은 여기서 조립을 끝낸 후, 다시 완제품 작업장으로 보내져 품질 검사를 거칩니다.

바이린 천 공장장님, 작업장이 관리가 잘 되어 있을 뿐만 아니라 시설도 매우 앞서 있군요!

천 공장장 별말씀을요. 우리는 작년에 해외에서 이 두 세트의 조립 라인을 들여왔습니다. 현재 생산량은 2년 전에 비해 3배 증가했는데, 원가가 내려갔을 뿐만 아니라 품질도 향상되었습니다.

스창성 지금 조립하고 있는 캐릭터 완구들은 수출용입니까?

천 공장장 네. 이 완구들은 모두 디즈니사에 납품하는 것입니다. 디즈니사는 이것들을 올 가을 시장에 내놓을 계획이어서, 매우 독촉하고 있답니다.

바이린 이 완구들이 아주 귀엽군요! 틀림없이 인기 있을 것 같아요!

스창성 천 공장장님, 귀 공장이 제게 준 인상은 매우 좋아요. 앞으로 더 많이 협력하게 되길 바랍니다.

천 공장장 그것 참 좋습니다! 우리 앞으로 자주 연락합시다!

핵심 문형 1

① ▪ 완구 공장의 관리 수준과 생산 효율 면에서 그들은 매우 깊은 인상을 받았다.
▪ 귀 공장은 저에게 매우 좋은 인상을 주었습니다.

② ▪ 귀사는 그 제품들에 대해 만족하십니까?
▪ 고객은 납품 시간에 대해 그리 만족하지 않았다.

③ ▪ 저는 그 완구들을 크리스마스 전에 서둘러 납품한 걸로 기억합니다.
▪ 나는 10시 이전에 서둘러 공항에 도착해야 합니다.

④ ▪ 우리가 이번에 온 이유는 첫째는 귀 공장에 감사를 표하고, 둘째는 직접 귀 공장의 생산 상황을 보고 싶어서입니다.
▪ 나는 물건을 살 때 첫째는 품질이 좋아야 하고, 둘째는 가격이 저렴해야 한다.

⑤ ▪ (현재) 생산량은 2년 전에 비해 3배 증가했습니다.
▪ 올해 품질은 작년에 비해 크게 향상되었어요!

중국의 기업

중국의 기업은 대략 국유 기업, 민영 기업, 외자 기업 등으로 분류할 수 있다. 국유 기업은 중앙 정부나 현지 정부에 의해 투자되고 관리된다. 국가의 지원이 있기 때문에 국유 기업은 자금, 원료, 기술, 판매에 있어서 어느 정도 우위를 차지하지만, 관리를 잘 하지 못하고 장기적 손실을 입는 국유 기업도 적지 않다. 중국의 민영 기업은 최근 20~30년간 신속한 발전을 이루어, 국유 기업의 유력한 경쟁 상대가 되었다. 현재 중국 정부는 국유 기업의 개혁을 적극적으로 추진하고 있으며, 개인 또는 사유 기업의 도급, 임대, 합병 또는 실적이 좋지 않은 국유 기업의 인수 등을 장려한다. 이 개혁 과정 중에, 민영 기업은 점점 발전해서 국유 민영 기업과 사유 민영 기업의 두 가지 유형으로 발전하였다. 중국의 외자 기업은 주로 외상 단독 자본 기업과 중외 합자 기업을 포함한다. 많은 글로벌 500대 기업이 중국에 투자하고 있다.

중국 정부의 경제 정책은 기업에 매우 큰 영향을 준다. 국유 기업이든 사유 기업이든 모두 정부의 경제 정책에 따라 기업의 발전 계획을 조정해야 한다. 중국 정부의 개혁·개방 정책의 장려로 인해 많은 국유 기업과 민영 기업들이 적극적으로 외국 기업과의 합작 기회를 찾고 있다. 이는 중국 시장에 들어갈 수 있는 아주 좋은 기회이다.

핵심 문형 2

① ▪ 중국의 기업은 대략 국유 기업, 민영 기업, 외자 기업 등으로 분류할 수 있다.
▪ 중국의 호텔은 2성, 3성, 4성, 5성급의 몇 가지 종류로 나뉜다.

② ▪ 이 개혁 과정 중에, 민영 기업은 점점 발전해서 국유 민영 기업과 사유 민영 기업의 두 가지 유형으로 발전하였다.
▪ 미국 측 대표는 협상 과정에서 새로운 요구사항을 제기했다.

③ ▪ 중국 정부의 경제 정책은 기업에 매우 큰 영향을 준다.

- 외국에서 들어온 이 조립 라인은 제품의 품질에 큰 영향을 미친다.
④ ▪ 국유 기업이든 사유 기업이든 모두 정부의 경제 정책에 따라 기업의 발전 계획을 조정해야 한다.
   ▪ 새로운 디자인의 상품이든 전통적인 상품이든 우리는 모두 생산한다.

08 가격 협상

비즈니스 회화

❶ 협상 성공

스챵성 왕 사장님, 요 며칠 귀사의 공장을 참관했고, 적지 않은 상품도 봤습니다. 지금 저는 귀사의 견적가를 알고 싶습니다.

왕궈안 좋습니다! 어느 제품에 흥미가 있으신지 모르겠군요?

스챵성 귀사의 스웨터와 청바지 가격을 알고 싶습니다.

리신원 스웨터의 가격은 매 다스에 360달러이고, 청바지는 매 다스에 240달러입니다.

스챵성 말씀하신 가격에 운송비가 포함되어 있나요?

리신원 네, 가격은 원가와 운송비를 포함하고 있습니다.

바이린 리 선생님, 스웨터의 견적가가 작년에 비해 10% 높아진 것 같네요. 왜 그렇죠?

리신원 스웨터는 우리 회사에서 새로 디자인한 제품입니다. 스타일과 품질이 모두 크게 개선된 데다 원가 또한 작년에 비해 높아져 우리도 가격을 적절하게 올릴 수밖에 없었어요.

바이린 설령 그렇다 해도, 한 다스에 360달러면 그래도 좀 비싸군요. 저희는 오랜 고객인데, 조금 싸게 해서 5% 할인해 주실 수 있습니까?

왕궈안 5%는 안 될 것 같은데요. 하지만 만약 귀사에서 천 다스 이상 주문한다면, 저희가 2.5% 할인해 드릴 수는 있습니다.

스챵성 음, 이 가격은 좀 고려해 보죠. 또한 귀사의 청바지 가격도 좀 비싸다는 생각이 드는데요. 요즘 청바지를 생산하는 공장도 많고, 시장 경쟁도 아주 치열해요. 만약에 이 가격으로 수입한다면 우리는 거의 이윤이 없습니다.

리신원 그렇지만 우리 회사 제품의 품질은 국제적으로 공인된 것이고, 시장에서도 경쟁력이 있어요.

스챵성 맞아요! 바로 그런 이유 때문에 저희는 귀사의 제품을 구입하길 원하는 거예요. 이렇게 합시다. 저희가 스웨터와 청바지를 각각 2천 다스씩 주문할 테니 모두 3% 할인해 주세요. 어때요?

왕궈안 그럽시다! 말씀하신 가격과 수량을 모두 받아들이겠습니다. 박리다매죠. 우리 그렇게 합시다!

❷ 협상 실패

바이린 리 선생님, 이 가죽 재킷의 오퍼 가격은 얼마입니까?

리신원 가죽 재킷은 저희가 올해 시험적으로 판매하는 품목입니다. 판로를 열기 위해 우리는 매 다스에 1,800달러의 특가로 판매하려고 합니다.

바이린 리 선생님, 요즘 세계 시장의 추이를 잘 모르시는 것 같군요. 선생님께서 제시하신 가격은 세계 유명 브랜드 제품과 별 차이가 없어요!

리신원 바이 양, 저는 우리 제품의 디자인과 품질이 일부 세계 유명 브랜드 제품과 비교할 때 떨어지지 않는다고 생각합니다. 지난달 우리는 한 일본 회사와 이 가격으로 계약했습니다. 하지만 지명도를 쌓기 전에는 견적가를 적당히 낮추려고 합니다. 귀측의 카운터 오퍼 가격은 얼마입니까?

바이린 매 다스 1,200달러면, 천 다스 주문하는 것을 고려해 보도록 하죠.

리신원 한 다스에 1,200달러라면 우리 측이 너무 손해 보잖아요! 최대 200달러 낮춰서 1,600달러에 한 다스 어떻습니까?

바이린 그래도 너무 비싸요! 만약 판로가 좋지 않다면, 우리는 손해를 볼 거예요. 양측이 다시 200달러 낮춰서 한 다스에 1,400달러 어때요?

리신원 죄송합니다. 1,600달러는 저희 측의 최저가입니다. 더 내릴 수 없습니다.

바이린 정말 유감이에요! 다른 상품 공급원을 찾을 수밖에 없겠군요.

핵심 문형 1

① ▪ 오늘, 중미 양측은 올해 가을철 주문에 대한 협상을 하려고 한다.
   ▪ 중미 정부는 양국 관계 회담을 진행하였다.
② ▪ 우리도 가격을 적절하게 올릴 수밖에 없었어요.
   ▪ 당신들의 오퍼 가격이 너무 높아서 우리는 다른 상품 공급원을 찾을 수 밖에 없습니다.

③ ▪ 설령 그렇다 해도, 한 다스에 360달러면 그래도 좀 비싸군요.

▪ 3% 할인을 할지라도, 이 가격은 여전히 싸지 않습니다.

④ ▪ 우리 제품의 디자인과 품질은 일부 세계 유명 브랜드 제품과 비교할 때 떨어지지 않습니다.

▪ 그 회사의 입찰 가격은 저희 것보다 낮지 않습니다.

비즈니스 독해

가격 흥정

장사를 하거나 물건을 사고 팔 때에는 늘 가격을 흥정해야 한다. "터무니없이 비싼 값을 부르다."라는 표현은 물론 좀 과장되긴 하나 확실히 중국인의 흥정 솜씨를 잘 말해 준다.

비즈니스 협상의 성공은 종종 세심함과 인내심에 의해 결정된다. 협상을 시작하기 전에 열심히 시세를 조사하고, 세심하게 각종 상품의 가격을 비교해 완벽히 준비하는 것은 협상이 성공할 수 있는 기본 조건이다. 그러나 외국인이 사업을 하러 중국에 왔을 때 종종 생각지도 못했던 문제들을 겪게 된다. 이것은 문화와 습관이 달라서일 뿐만 아니라 사회·경제 제도가 다르기 때문이기도 하다. 협상에 능숙한 고수는 인내심을 가져야 한다. 상대방을 이해하고자 끈질기게 상대방과 교류하고 소통한다면 문제 해결의 실마리를 찾을 수 있을 것이며, 당신이 중국에서 하는 사업도 분명히 성공할 것이다.

핵심 문형 2

① ▪ 이런 표현은 물론 좀 과장되긴 하나 확실히 중국인의 흥정 솜씨를 잘 말해 준다.

▪ 당신의 상품은 좋긴 하지만, 가격이 조금 비쌉니다.

② ▪ 비즈니스 협상의 성공은 종종 세심함과 인내심에 의해 결정된다.

▪ 우리가 이번에 얼마나 주문할 수 있는지는 전적으로 시세에 달려 있다.

③ ▪ 협상에 능숙한 고수는 인내심을 가져야 한다.

▪ 리 매니저는 외국인과의 사업에 매우 능숙하다.

④ ▪ 만약 당신이 저렴하면서도 좋은 물건을 사고자 한다면, 반드시 몇 곳의 상점을 보지 않으면 안 된다.

▪ 내일 나는 반드시 그에게 이 문제에 대해 물어볼 것이다!

09 물품 인도와 지급

비즈니스 회화

❶ 물품 인도 시기

스창성 오늘 우리는 반드시 이번 주문의 물품 인도 시기 문제를 토론해야 해야 한다고 생각합니다.

리신원 좋습니다. 귀측에서는 물품 인도 시기에 대해 구체적으로 어떤 요구사항이 있으신지요?

스창성 의류는 계절의 영향을 많이 받는다는 것을 잘 아시죠. 이번에 우리가 귀사에 주문한 스웨터와 청바지는 모두 올 가을 시장에 공급해야 합니다. 리 선생님, 8월 상순에 인도가 가능한가요?

리신원 8월 상순이요? 스 선생님, 농담하시는 거 아니죠? 우리는 작년에 9월에야 물건을 인도했습니다. 지금은 이미 생산 계획이 다 짜여 있습니다.

스창성 (진지하게) 농담이 아닙니다. 9월과 10월은 스웨터 판매의 성수기입니다. 작년에 우리 상품은 다른 회사보다 2주 늦게 시장에 들어왔고, 결과적으로 손해를 봤습니다. 올해는 정말 기회를 놓치고 싶지 않아요.

리신원 하지만 갑자기 생산 계획을 수정하여 생산량을 늘리는 것은 정말 곤란합니다.

바이린 리 선생님, 저도 이번 물품 인도 일정이 분명히 약간 빡빡하다는 것은 알고 있지만 저희 측도 어려운 입장이에요. 리 선생님, 우리는 오랜 친구 사이잖아요. 방법이 없는지 생각 좀 해 주세요.

리신원 바이 양, 저는 당신도 돕고 싶고, 나 자신도 돕고 싶어요. 하지만 물품 인도를 한 달 이상이나 앞당기기란 사실 그리 쉽지가 않아요.

바이린 제게 아이디어가 하나 있어요. 우리 이 옷들을 두 번으로 나누어 인도할 수 없나요? 8월 상순에 반을 보내고, 9월 상순에 나머지 반을 보내는 거예요. 존슨 씨, 가능한 것 같나요?

스창성 음, 좋은 방법이네요. 리 선생님, 어떠신가요?

리신원 생각 좀 해 봅시다 ……. 저는 왕 사장님께 전화를 해 봐야겠습니다. 우선 좀 휴식을 가집시다.

스창성·바이린 좋습니다!

❷ 지급 방식

리신원 죄송합니다. 오래 기다리게 했군요. 방금 왕 사장님과 연락했는데, 물건을 두 번으로 나누어 넘기는 방식을 받아들이기로 했습니다만 …….

스창성 정말 잘 됐어요! 고맙습니다!

리신원 그러나, 지급 방식에 대한 요구사항을 반드시 말씀드려 야 겠군요.

스창성 당연하죠. 지급 방식에 관해서 저희도 관심이 많습니 다. 실례지만, 귀사에서는 어떤 방식을 원하십니까?

리신원 우리는 일반적으로 신용장 지급 방식을 택하고 있어 요. 그러나 이번에는 귀측에서 물건을 앞당겨 넘겨 달 라고 요구하셨고, 이는 저희의 자금 유통에 어느 정도 영향을 줍니다. 따라서 저희는 귀사가 먼저 30%의 대 금을 미리 지급하고, 그 나머지 대금은 일람출급신용 장으로 지급할 것을 요구합니다.

스창성 30%의 선지급 물건값은 미국 씨티은행 전신환으로 당신에게 보내겠습니다. 나머지 물건값은, D/A(인수 인도 조건)나 다른 정기 분할 지급 방식을 택하는 것 이 어떤가요?

리신원 죄송합니다. 저희는 현재 그 방식들을 받아들일 수가 없어요. 물품 인도 시기에 영향을 주지 않기 위해서는 물건을 실어 나르기 30일 전에 귀사에서 신용장을 발 급해 주십시오.

바이린 리 선생님, 정말 대단하세요! 돈 이야기가 나오니 조금 도 인정사정 없군요!

리신원 (웃으며) "친형제일수록 돈 계산을 분명히 한다."라는 소리도 못 들어봤어요?

바이린 (웃으며) 아니에요! 이건 "한 손으로는 돈을 내고, 한 손으로는 물건을 넘긴다." 잖아요!

핵심 문형 1

① ■ 지난 며칠간의 협상을 통해 중미 양측은 새 주문에 대한 사항들을 대체적으로 결정했다.

　 ■ 이번 방문을 통하여 스 선생은 많은 새 친구를 사귀었다.

② ■ 당신은 물품 인도 시기에 대해 구체적으로 어떤 요구사 항이 있으신지요?

　 ■ 실례지만, 귀사는 저희의 상품 품질에 대해 또 어떤 요 구사항이 있으신지요?

③ ■ 농담하시는 거 아니죠?

　 ■ 그 회사가 우리의 주문을 잊은 건 아니겠지요?

④ ■ 작년에 우리 상품이 다른 회사보다 2주 늦게 시장에 들 어왔습니다.

　 ■ 죄송합니다만, 일본 회사의 오퍼가 귀사보다 며칠 일찍 도착해서 저희는 이미 계약을 체결했습니다.

⑤ ■ 우리 이 옷들을 두 번으로 나누어 인도할 수 없나요?

■ 우리는 정기 분할 지급 방식을 채택하여, 이 물품 대금 을 6개월로 나누어 지불할 것입니다.

⑥ ■ 돈 이야기가 나오니, 조금도 인정사정 없군요!

　 ■ 그 가죽 재킷들의 품질에 대해 말하니, 이 고객은 매우 화를 내기 시작했다.

비즈니스 독해

중국의 은행과 인민폐

중국의 국가 중앙은행은 '중국인민은행'이다. 전국적인 상 업은행은 크게 두 가지 유형으로 나뉜다. 첫 번째 유형은 국 유 상업은행으로, 중국공상은행, 중국건설은행, 중국농업은 행, 중국은행이며, 이는 '4대 은행'으로도 불린다. 또 다른 유 형은 주식제 상업은행으로, 주요 은행으로는 초상은행, 교통 은행, 푸둥발전은행 등이 있다. 외국인이 중국에 사업하러 오 면 흔히 이 은행들 중 한 곳과 거래하게 될 것이다.

중국의 법정 화폐는 인민폐이고, 단위는 위안, 자오, 펀 세 가지이다. 1위안은 10자오와 같고, 1자오는 10펀과 같다. 인 민폐의 액면가격은 100위안, 50위안, 20위안, 10위안, 5위 안, 2위안, 1위안, 5자오, 2자오, 1자오, 5펀, 2펀, 1펀 등 총 13종으로 나뉜다. 그러나 일부 액면가격의 인민폐는 이미 거 의 사용하지 않는다. 현재 인민폐는 중국 내에서만 사용하게 제한되어 있다. 대외 무역에 있어서 중국과 외국 양측은 보통 미국 달러나 일본 엔, EU 유로, 영국 파운드 등의 국제적으 로 통용되는 경화로 결제하며, 환 지급이나 추심, 신용장 등 국제적으로 통용되는 방식으로 상품 대금을 지급한다. 2001 년, 중국은 정식으로 세계무역기구(WTO)에 가입했다. 신속 한 경제 발전과 금융 개혁에 따라, 중국은 국제 무역에서 인 민폐 결제를 시도하기 시작했다. 적지 않은 중국의 상업은행 들이 이미 해외 금융 시장에 진입했다. 2015년 국제통화기 금(IMF)은 인민폐를 국제 비축 화폐로 선포했다. 인민폐 국제 화의 발걸음은 점점 빨라지고 있다.

핵심 문형 2

① ■ 외국인이 중국에 사업하러 오면, 흔히 이 은행들 중 한 곳과 거래하게 될 것이다.

　 ■ 이 회사와의 거래는 종종 내 머리를 아프게 한다.

② ■ 현재 인민폐는 중국 내에서만 사용하게 제한되어 있다.

　 ■ 신용장 지급 방식은 우리의 오랜 고객들에게 한정되어 있다.

③ ■ 대외 무역에 있어서 양측은 보통 미국 달러나 일본 엔, EU 유로, 영국 파운드 등의 국제적으로 통용되는 경화 로 결제한다.

- 어제의 회담에서 우리는 많은 문제를 토론했다.

④ ■ 최근 몇 년간 경제 발전과 금융 개혁에 따라, 중국은 국제 무역에서 인민폐 결제를 시도하기 시작했다.

- 수출 증가에 따라, 우리 회사의 사업은 점점 더 좋아지고 있다.

10 판매 대리

비즈니스 회화

❶ 독점 대리

왕궈안 스 선생님, 바이 양, 리 매니저를 통해 오늘 오전에 금년 가을의 새 주문에 관해 합의했다고 들었습니다. 정말 기쁩니다. 귀사는 이에 대해 만족하십니까?

스챵성 저희는 협상에 매우 만족합니다. 특히 양측은 물품 인도 시기 문제를 순조롭게 해결할 수 있었는데, 이는 우리에게 매우 중요했습니다. 왕 사장님, 신경 써 주셔서 감사합니다!

왕궈안 별말씀을요! 귀사는 우리의 오랜 고객이십니다. 우리가 마땅히 최선을 다해 귀측의 요구를 만족시켜 드려야지요.

바이린 (웃으며) 왕 사장님, 이번에 우리 회사가 귀사의 물건을 400여 만 달러어치 샀는데, 사장님께서는 우리에게 어떤 물건을 사실 겁니까?

리신원 (웃으며) 바이 양, 제가 보기에는 바이 양이 더 대단하십니다. 오늘 오후에 왕 사장님께서 중국에서 귀사 제품을 위탁 판매하는 일을 얘기하실 거예요.

왕궈안 그렇습니다. 금년에 우리 동방(수출입)회사는 처음으로 귀사의 절전형 에어컨, 환경보호 세탁기 등의 가전 제품을 대리 판매해 보았는데 시장 판로가 좋았어요. 저희는 이 방면의 합작을 더 확대하길 바랍니다.

스챵성 좋습니다. 그것 역시 저희가 이번에 중국에 온 목적 중 하나입니다. 왕 선생님께서는 구체적인 계획을 가지고 계십니까?

왕궈안 우리는 귀사의 재중국 독점 대리가 되길 희망하고 있습니다.

스챵성 아시다시피 최근에 우리는 광둥의 한 회사와도 에어컨 판매 대리를 협의했습니다. 독점 대리권을 귀사에 준다면 아마도 우리의 그 회사와의 다른 사업에 영향을 줄 것입니다.

리신원 스 선생님, 우리 회사는 중국 내 각지에 매우 우수한 판매망을 보유하고 있습니다. 만약 우리가 독점 대리

권을 갖는다면 틀림없이 더 잘 될 것입니다!

스챵성 이렇게 합시다. 우리가 세탁기의 독점 대리권을 귀사에게 주겠습니다. 그 밖에 절전형 가정용 식기세척기가 있는데, 곧 중국 시장에 시판할 계획입니다. 만약 원하신다면, 귀사에서 독점 대리를 해 주셨으면 합니다. 왕 선생님, 리 선생님, 어떻습니까?

왕궈안·리신원 좋습니다! 한 마디로 정한 겁니다!

❷ 자본 신용 조사와 수수료

스챵성 왕 선생님, 귀사가 우리의 독점 대리가 된 이상 우리는 귀사의 자본 신용도에 대해 파악해야 합니다.

왕궈안 우리 측의 자본 신용 상황에 관해서는 중국은행 베이징 지점에 문의하시면 됩니다.

스챵성 아시다시피 독점 대리가 되면 동방수출입회사는 우리 회사와 협의한 유효 기간 내에 다른 회사에서 나오는 동종 상품을 대리할 수 없음에 반드시 동의하셔야 합니다.

왕궈안 그럼요. 이 부분은 저희도 잘 알고 있습니다.

스챵성 귀사에서는 얼마의 수수료를 원하십니까?

왕궈안 외국 제품을 대리 판매하는 경우에는 통상적으로 10%의 수수료를 받습니다.

스챵성 10%는 너무 많습니다! 저는 8%가 더 합리적이라고 생각하는데요.

왕궈안 만약 귀사가 광고 비용의 절반을 부담하신다면 수수료를 8%로 내릴 수 있습니다.

스챵성 귀사는 매년 얼마만큼의 수출액을 보장할 수 있습니까?

왕궈안 작년 세탁기의 총 판매액은 250만 달러였습니다. 만약 독점 대리일 경우, 우리는 매년 귀사의 세탁기를 최소한 500만 달러어치 수입할 수 있습니다. 하지만 식기세척기는 중국에서 처음으로 시판해 보는 것이어서, 판로가 어떨지 잘 모르겠군요. 먼저 시장 조사를 한 후에야 결정할 수 있어요.

스챵성 이렇게 합시다. 먼저 1년간 독점 대리 협의를 한 번 체결하고 상품이 인기 있는지 좀 봅시다.

바이린 저는 중국의 여성분들이 분명히 식기세척기를 좋아할 거라고 생각해요.

리신원 (웃으며) 아니지요. 바이 양! 중국에서는 지금 설거지하는 사람이 죄다 남자인걸요!

① ▪ 중미 쌍방은 방금 물품 인도 시기와 지급 방식에 대해 합의했다.
  ▪ 우리는 이미 내년의 주문에 대해 합의에 이르렀다.
② ▪ 오늘 쌍방은 동방(수출입)회사가 미국 측의 재중국 판매 대리가 되는 문제에 관해 협상하고자 한다.
  ▪ 중국 측 협상 대표로서, 질문이 또 있습니다.
③ ▪ 왕 사장님, 이번에 우리 회사가 귀사의 물건을 200여 만 달러어치 샀습니다.
  ▪ 당신이 어떻게 말씀하셔도, 이 오퍼 가격은 아무래도 너무 높습니다!
④ ▪ 우리 측의 자본 신용 상황에 관해서는 중국은행 베이징 지점에 문의하시면 됩니다.
  ▪ 저는 이 상품의 대리 판매에 관한 기본 사항을 여러분께 소개해 드리고 싶습니다.
⑤ ▪ 동방(수출입)회사는 우리 회사와 협의한 유효 기간 내에 다른 회사에서 나오는 동종 상품을 대리할 수 없음에 반드시 동의하셔야 합니다.
  ▪ 우리는 3일 안에 당신께 우리의 결정을 알려 드리겠습니다.

중국에서의 외국 상품

중외 무역의 빠른 발전에 따라 점점 더 많은 외국 제품이 중국에 들어오고 있다. 의식주 및 교통에서부터 첨단 기술 제품에까지, 외국 상품에 대한 중국인의 관심이 갈수록 많아지고 있다. 의심할 것도 없이, 인구가 많은 중국은 잠재력이 매우 많은 거대 시장이다. 외상들은 지금 얻기 힘든 비즈니스 기회를 마주하고 있지만, 낯선 외국 기업으로서 중국에서 사업을 하는 것은 결코 쉬운 일은 아니다. 중국 시장에 들어온 외국 상품 역시 서로 다른 운명을 가진다. 어떤 것은 돈을 벌고, 어떤 것은 손해를 보고, 또 어떤 것은 해적판이나 짝퉁 때문에 경제적 손실을 입는다. 중국 시장에서 성공하기 위하여 많은 외상들은 자본 신용도가 높은 중국 회사를 대리상으로 위탁하여, 그들의 상품을 판매하고 있다. 일반적으로 대리는 세 종류로 나뉘는데 총 대리, 독점 대리, 그리고 일반 대리이다. 총 대리는 외국 기업을 대신하여 대리 협의 지역 내에서 각종 상업 활동을 할 수 있는 전권을 가지고 복대리를 제정할 권리를 갖는다. 독점 대리는 대리 협의 지역에서 지정된 제품을 팔 수 있는 전매권을 가지나, 동시에 다른 업체가 생산한 동종 상품을 팔 수는 없다. 일반 대리는 생산업체의 허가가 있으면 지정된 제품을 팔거나 수수료를 받을 수 있으나 전매권은 없다. 따라서 제조업체도 또한 몇 군데 대리상과 계약할 수 있는 동시에 대리상도 동종 제품을 판매할 수 있다. 요컨대, 대리상을 통한 판매는 외상들에게 편리한 판매망을 제공해 주고 상품 판매 원가를 내려 줄 뿐만 아니라, 빠른 시장 개척과 브랜드의 지명도를 확립하는 데 도움을 준다. 이것은 쌍방 모두에게 이로운 비즈니스 경영 방식이다.

① ▪ 의식주 및 교통에서부터 첨단 기술 제품에까지, 외국 상품에 대한 중국인의 관심이 갈수록 많아지고 있다.
  ▪ 남쪽에서 북쪽까지, 대표단은 아주 많은 곳을 참관했다.
② ▪ 외상들은 지금 얻기 힘든 비즈니스 기회를 마주하고 있다.
  ▪ 우리의 상품은 새로운 경쟁에 직면해 있다.
③ ▪ 중국에서 사업을 하는 것은 결코 쉬운 일은 아니다.
  ▪ 죄송합니다만, 우리 회사는 이 계약을 체결할 계획이 없습니다.
④ ▪ 대리는 세 종류로 나뉜다. 총 대리, 독점 대리, 그리고 일반 대리이다.
  ▪ 중국의 국가 중앙은행은 바로 중국인민은행이다.
⑤ ▪ 대리 판매 체결은 신속한 시장 개방에 유리하다.
  ▪ 개혁·개방 정책은 중국 경제 발전에 유리하다.

11 광고와 판촉

❶ 광고 기획

바이린 리 선생님, 정말 일찍 오셨네요! 아침 식사는 하셨어요?

리신원 감사합니다. 아침은 먹었습니다. 점심에 여러분들이 고속철도를 타고 상하이에 가셔야 해서 조금 일찍 왔습니다. 시간이 좀 있으니, 어떻게 하면 제품의 홍보와 판매를 잘 할 수 있을지 의견을 나눠 보고, 시안을 마련해 보죠. 스 선생님, 어떤 아이디어가 있으신지 모르겠습니다.

스창셩 이번 광고는 우리 가전제품의 정식 중국 시장 진입과 홍보 마케팅을 위한 것입니다. 저는 먼저 우리 브랜드 이미지가 돋보여야 한다고 생각합니다.

리신원 저도 완전히 동의합니다. 에너지 절약, 환경보호는 이 브랜드 제품의 장점이고 판매 포인트입니다. 저희 광

고가 반드시 이러한 정보를 효과적으로 전달해야 합
니다.

바이린 리 선생님, 중국 시장에 대해 저희보다 더 잘 알고 계
시고, 광고 기획 또한 당신의 전문분야인데, 또 다른
구체적인 의견이 있으신가요?

리신원 저는 브랜드 이미지 홍보 모델로 유명 영화배우를 초
청할 수 있다고 생각합니다.

스창성 음, 유명한 사람을 이용한 효과는 틀림없이 좋은 방법
이긴 하지만, 비용이 비교적 많이 들지 않겠습니까?

리신원 이렇게 합시다. 비용 문제는 제가 경험 있는 광고 회사
를 찾아 자문한 뒤, 다시 한걸음 앞으로 나아가 토론해
서 결정하도록 하죠. 비용이 합리적인 범위 내에 있지
않다면 다른 방안을 선택해야 합니다.

❷ 판매 전략

스창성 제가 좀 알고 싶은데요. 방금 말씀하신 제품 광고 홍보
이외에 귀사의 또 다른 구체적인 계획이 있습니까?
저희가 도울 일이 있을까요?

리신원 빠른 시장 개척을 위해 우리 측은 대대적인 판촉 활동
으로 홍보 마케팅 효과를 극대화하여 브랜드 지명도
를 높일 계획입니다.

스창성 선생님 생각에 이 판촉 활동의 규모가 얼마나 될까요?

리신원 저는 이 판촉 활동을 두 단계로 나누어 진행했으면 합
니다. 먼저 전국의 큰 도시에서 제품 판촉 활동을 진행
합니다. 만약 시장 판로가 좋을 경우, 저희는 다시 판
촉 활동 범위를 중소 도시로 넓힐 것입니다. 만약 판
로가 그다지 좋지 않을 경우, 저희는 판매 계획을 바로
조정할 것입니다.

바이린 죄송합니다만, 질문이 하나 있는데요. 귀사의 홈페이
지에서도 동시에 상응하는 판촉 활동을 진행하는 거
죠?

리신원 그렇습니다. 우리는 인터넷상에서 더 많은 특혜 이벤
트를 내놓을 것입니다. 예를 들면 무료 배송, 제품 보
증 기간 연장, 그리고 '1+1' 이벤트 등입니다.

바이린 (웃으며) 들어보니 정말 매력 있네요. 저는 '1+1' 이벤
트가 가장 좋네요!

핵심 문형 I

① ■ 오늘 점심 스 선생과 바이 양은 고속철도를 타고 베이징
을 떠나 상하이로 간다.

■ 그는 이미 이 회사를 떠나 경영학 석사(MBA)를 공부하

러 대학으로 돌아갔다.

② ■ 쌍방 대표는 광고 기획과 판매 전략 등의 문제에 대해
토론했다.

■ 오늘 아침 회의에서, 모두들 제품의 홍보와 시장 판매를
어떻게 하면 좋을지 의견을 나눴다.

③ ■ 당신은 중국 시장에 대해 저희보다 더 잘 알고 계시네요.

■ 죄송합니다만, 저희는 이 제품의 시세에 대해 그다지 잘
알지 못합니다.

④ ■ 비용이 합리적인 범위 내에 있지 않다면 다른 방안을 선
택해야 합니다.

■ 상대방의 자본 및 신용 평가가 믿을 만하지 않다면, 우
리는 그들과 이 사업을 할 수 없을 것입니다.

비즈니스 독해

광고와 중국인의 심리

사업과 광고는 불가분의 관계이다. 좋은 광고는 제조업자
들이 시장 판로를 여는 데 도움을 줄 뿐 아니라, 상품의 지명
도를 높이는 데 많은 도움이 된다. 일반적으로 말해, 젊은 사
람들은 새로운 유행을 좋아하고, 중노년층은 질 좋고 가격이
싼 것을 중시한다. 이것은 대체로 일반적인 이치이다. 그러
나 중국에서 광고를 제작하려면 반드시 중국인의 문화 전통
과 가치관을 이해해야 한다. 만리장성, 황허, 중국의 용, 공자,
천안문 등은 중국의 국가와 문화의 상징이다. 중국의 소비자
는 종종 이러한 이미지로 농담을 하거나 시비 거는 것을 용납
하지 않는다. 반대로, 중국인들이 보고 듣기 좋아하는 형식으
로 상품의 정보를 전달하는 일부의 외국 상업 광고는 일반적
으로 좋은 홍보 효과를 얻는다. 예를 들어 길한 것을 좋아하
는 중국인들은 코카콜라와 펩시콜라의 이름만 들어도 좋아
한다. "수레가 산 앞에 이르면 길이 나지는 법이고, 길이 있으
면 반드시 도요타 자동차가 있다." 이것은 도요타 자동차의
중국 광고이다. 중국 속담을 빌어 효과적으로 자신의 제품을
광고하였고, 중국 소비자로 하여금 한 번 보면 잊지 못하도록
만들었다. 그 밖에 주목해야 할 것은 중국인은 전통적으로 상
품 자체가 제일 좋은 광고라고 여긴다는 것이다. "술 맛이 좋
다면 골목의 깊이를 두려워하지 말라."라는 말이 있다. 만약
당신의 제품이 정말로 좋다면, 사는 사람이 없을까 봐 근심할
필요가 없다는 말이다. 중국 소비자들의 입장에서 지나치게
과장되고 아름다운 광고는 때로는 믿을 수 없는 것이다. "왕
할머니는 자기가 파는 오이가 최고라고 한다."라는 말이 있
다. 누가 자기 상품을 최고라고 말하고 싶지 않겠는가?

핵심 문형 2

① ■ 사업과 광고는 불가분의 관계이다.

■ 안심해! 그 회사는 우리 제품과 떼려야 뗄 수 없어.

② ■ 이 회사의 광고는 종종 중국인이 보고 듣기 좋아하는 형식으로 상품의 정보를 전달한다.

■ 그것은 중국 속담을 빌리는 방식으로 효과적으로 자기 제품을 홍보한다.

③ ■ 길한 것을 좋아하는 중국인들은 코카콜라의 이름만 들어도 좋아한다.

■ 도요타 자동차 광고는 중국 속담을 빌렸고, 중국 소비자로 하여금 한 번 보면 잊지 못하도록 만들었다.

④ ■ 주목해야 할 것은 중국인은 전통적으로 상품 자체가 제일 좋은 광고라고 여긴다는 것이다.

■ 주목할 만한 것은, 우리의 제품은 새로운 경쟁에 직면해 있다는 것이다.

⑤ ■ 중국 소비자들의 입장에서 지나치게 과장되고 아름다운 광고는 항상 믿을 수 없는 것이다.

■ 많은 외국 제조업자 입장에서 볼 때 대도시에 투자하는 것이 더욱 매력적이다.

⑥ ■ 누가 자기 상품을 최고라고 말하고 싶지 않겠는가?

■ 누군들 싸고 좋은 물건을 사고 싶지 않겠는가?

12 교역회에서

비즈니스 회화

❶ 가전 전시장에서

바이린 와, 여기 참 크군요! 장 주임님, 이번 교역회에 백여 개의 제조업체들이 참가했다던데, 맞나요?

장훙 네. 올해 국내에서 규모가 가장 큰 교역회 중 하나예요. 전국 각지 모든 제조업자가 참가할 뿐만 아니라, 많은 외국 회사도 참가하죠. 스 선생님, 바이 양, 이 리플릿에 교역회에 참가한 제조업자들이 소개되어 있어요.

스챵셩 (리플릿을 보며) 음, 방직, 의류, 가전, 휴대전화, 자전거, 완구 ……, 참가한 기업과 제품이 정말 많군요! 그런데, 제가 가장 관심 있는 것은 가전제품과 방직 의류입니다. 아 가전 전시장은 저쪽이군요. 우리 가서 좀 봅시다! (전시 부스 앞에 도착)

생산자 甲 선생님 안녕하세요! 이쪽은 저희가 올해 새로 출시한 다기능 에어컨입니다. 제가 소개하면서 보여 드릴

까요?

스챵셩 현재 시장에 나와 있는 에어컨 제품이 정말 많습니다. 귀사의 이 제품에는 어떤 특징이 있습니까?

생산자 甲 보세요. 이 제품의 외형 디자인은 간결하고 세련되었으며, 5가지 색을 소비자가 선택할 수 있도록 했습니다. 제품의 부피가 작고, 냉각 효과가 뛰어납니다. 냉각 효과 외에도 제습, 난방, 공기 정화뿐만 아니라, 에너지 절약 기능까지 있습니다.

스챵셩 그렇게 기능이 많은데, 가격은 얼마인가요?

생산자 甲 저희에게 모두 3가지 모델이 있습니다. 소매가는 모두 시장에 나와 있는 동종 제품의 가격보다 낮습니다. 도매가는 더 쌉니다. 잠시만 기다려 주세요. 제가 참고하실 수 있도록 제품 자료를 가져다 드리겠습니다.

스챵셩 감사합니다! (바이린에게) 중국에서 비즈니스 경쟁이 정말 치열해 보이네요!

❷ 방직 및 의류 전시장에서

생산자 乙 장 주임님, 안녕하세요! 오랜만입니다. 주임님도 교역회에 참가하러 오신 겁니까?

장훙 아니요, 저는 이 두 분을 모시고 온 거예요. 이분은 미국국제무역회사 아시아 지역 총재 스 선생님, 이분은 바이 양입니다. 이분들은 귀사의 제품에 대해 아주 관심이 많습니다.

생산자 乙 스 선생님, 바이 양, 만나 뵙게 되어 기쁩니다! 환영합니다!

바이린 방금 여러 회사의 실크 제품을 보았는데, 귀사의 제품이 종류도 제일 많고 디자인이 예쁜 것 같아요.

생산자 乙 칭찬 고맙습니다! 솔직히 말해서, 저희 실크 제품은 여러 차례 국가 우수 품질 제품 금상을 획득했습니다. 만일 당신이 중국 실크 제품에 관심 있는 거라면 제대로 찾아 오신 셈입니다! 시장에 나와 있는 저가의 이미테이션 제품들은 저희와 비교할 방법이 없습니다! (두 권의 리플릿을 꺼내며) 이것은 우리 회사의 상품 카탈로그입니다. 보세요, 전통적 디자인뿐만 아니라, 세련된 신식 디자인도 있습니다. 두 분 살펴보세요!

스챵셩 (카탈로그를 보며) 훌륭하군요. 이런 제품들은 확실히 매력이 있습니다. 디자인이 새롭고, 가격 또한 경쟁력이 있네요. 여기 있는 제품들은 모두 현물 공급이 가능한가요?

생산자 乙 모두 공급 가능합니다. 스 선생님, 만약 지금 주문하시면 5% 할인해 드릴 수 있습니다.

스챵셩 오늘은 안 될 것 같아요. 더 생각해 보고 내일쯤 다시

와서 얘기 나누지요.

생산자 괜찮습니다. 장사가 이루어지지 않아도 우정이 남고, 이번에 안되더라도 다음이 있습니다! 이것은 제 명함입니다. 언제든 저희에게 연락해 주십시오!

장흥 (농담으로) 여보세요, 제 고객을 빼앗아 가려고 하는 것은 아니겠죠?

생산자 乙 (웃으며) 무슨 말씀을요! 다들 거래하러 온 건데요!

핵심 문형 1

① ▪ 장흥과 함께 스창성과 바이린은 베이징에서 비행기를 타고 상하이로 왔다.
  ▪ 마 국장의 수행 하에, 미국 대표단은 어제 첨단 기술 제품 박람회를 참관했다.

② ▪ 이 에어컨은 5가지 색을 소비자가 선택할 수 있도록 했습니다.
  ▪ 이 제품의 자료를 드릴 테니 참고해 보세요.

③ ▪ 박람회 참가는 중국 시장 진입의 좋은 방법으로 보인다.
  ▪ 이번 협상은 보기에 매우 성공적이다.

④ ▪ 방금 여러 회사의 실크 제품을 보았는데, 귀사 제품이 종류도 제일 많고 예쁜 것 같아요.
  ▪ 이번 박람회에서 이 회사의 제품이 가장 인기를 끌었다.

⑤ ▪ 만일 당신이 중국 실크에 관심 있는 거라면 제대로 찾아오신 셈입니다!
  ▪ 저 민영 기업은 아주 큰 회사라고 할 수 있다.

비즈니스 독해

중국의 교역회

교역회는 박람회라고도 하는데, 제조업자들이 제품을 전시 판매하고, 정보를 나누며, 대외 무역을 확대하고, 외국 자본을 유치하는 중요한 방식 중 하나이다. 경제 발전을 추진하기 위해서 매년 중국은 정기적으로 몇몇 국제 교역회나 박람회를 개최한다. 이런 교역회는 규모가 큰 것도 있고 작은 것도 있으며, 유형도 전부 다르다. 그중 역사가 제일 길고 규모가 제일 큰 것은 중국 수출입 상품 교역회이다. 1년에 두 번 봄과 가을에 각각 광저우에서 개최되어 짧게 '광교회'라고도 불린다. 수많은 중국의 제조업자들이 모두 광교회에서 자사의 제품이 전시되는 것을 영광으로 여긴다. 광교회는 중국 경제 발전을 이해할 수 있는 하나의 창이라고 말할 수 있다. 매년 9월에 샤먼에서 개최되는 중국 국제 투자 무역 협의회(약칭 투협회)는 중국에서 가장 중요한 국제 투자 박람회이다.

샤먼 투협회는 투자 협의를 주제로 하며, 그 해의 각종 투자 유치 프로그램을 전반적으로 소개하여 중국 투자의 교량 역할을 한다. 이외에 중량급의 교역회는 중국(베이징) 국제 서비스 무역 박람회(약칭 경교회)와 중국 국제 첨단 기술 성과 박람회(선전, 약칭 고교회)가 있다.

중국에 와서 사업을 하거나 투자하고자 하는 외국인 제조업자들에게 있어서 중국의 교역회에 참가하는 것은 중국 시장을 잘 이해할 수 있게 하고 최신 비즈니스 정보를 얻게 하는 효과적 수단임에 틀림이 없다. 만약 당신이 중국에서 상품을 수입하고 싶다면 교역회는 분명 품질 좋고 가격이 저렴한 제품을 살 수 있는 좋은 장소이다. 교역회에 참가하는 제조업자가 많기 때문에 치열한 경쟁을 피하기는 어렵다. 수많은 제조업자들은 가격을 내리고, 각종 우대 조건을 제공하는 방법으로 구매자를 끌어들인다. 이런 좋은 기회를 절대로 놓치지 말라!

핵심 문형 2

① ▪ 수많은 중국의 제조업자들이 모두 광교회에서 자사의 제품이 전시되는 것을 영광으로 여긴다.
  ▪ 매년 9월의 샤먼 투자 협의회는 투자 협의를 주제로 한다.

② ▪ 이외에 중량급의 박람회는 중국(베이징) 국제 서비스 무역 박람회가 있다.
  ▪ 이번 주 나는 박람회에 참가해야 한다. 이외에 또 몇 개의 공장을 시찰할 계획이다.

③ ▪ 광교회에 참가하는 제조업자가 많기 때문에 치열한 경쟁을 피하기는 어렵다.
  ▪ 만약 당신이 시세를 이해하지 못한다면, 사업을 할 때 속아서 손해를 보는 일을 피할 수 없을 것이다.

④ ▪ 제조업자는 종종 각종 우대 조건을 제공하는 방법으로 구매자를 끌어들인다.
  ▪ 이 회사는 분할 지급 방식으로 새로운 조립 라인을 도입할 계획이다.

13 채용 면접

비즈니스 회화

❶ 개인 배경 소개

마제 안녕하십니까! 저는 잭 마틴입니다.

바이린 안녕하세요, 잭! 어서 들어오세요!

마셰   감사합니나!

바이린   제가 소개해 드릴게요. 이분은 우리 회사의 아시아 지역 총책임자 존슨 스미스 선생님이십니다. 존슨, 이분은 잭 마틴입니다.

마셰   만나 뵙게 되어 영광입니다, 선생님.

스챵셩   (악수하며) 안녕하세요. 앉으십시오. 푸둥에서 급하게 인터뷰하러 와 주셔서 감사합니다. 오는 길에 차가 막혔나요?

마셰   저는 지하철을 타고 와서 편리했습니다. 이런 면접 기회가 있다는 것이 매우 영광이라고 생각합니다.

스챵셩   그러면 우리 바로 시작하죠. 먼저, 자신의 배경과 경력에 대해 소개해 주세요.

마셰   반드시 중국어로 말해야 하나요?

스챵셩   네, 중국에 파견되어 하는 일이라 지원자의 중국어와 영어 두 개의 언어 능력이 요구됩니다. 특히 중국어를 사용하여 중국 고객과의 교류와 소통을 하는 능력은 반드시 필요합니다.

마셰   알겠습니다. 저는 잭 마틴이고, 중문 이름은 마셰입니다. 저는 미국인입니다. 2년 전 시애틀의 워싱턴 대학교를 졸업했고, 마케팅을 전공했습니다. 저는 현재 상하이의 현대상무회사에서 일하고 있습니다.

스챵셩   어떤 기업인가요? 당신이 구체적으로 하시는 일은 무엇인가요?

마셰   글로벌 전자상거래 회사로 상하이 자유무역지구에 있습니다. 저는 회사의 물류부에서 일하고 있으며, 해외 공급자와의 연락과 소통을 책임지고 있습니다.

바이린   당신의 중국어가 유창하군요. 몇 년이나 중국어를 배우셨나요?

마셰   대략 6, 7년입니다. 고등학교 때부터 중국어를 배웠습니다. 대학 시절에도 쭉 중문과 수업을 들었습니다. 중국어를 잘 배워 두면 미래의 직업에 도움이 될 거라고 믿었기 때문입니다.

스챵셩   (미소 지으며) 보아하니 어학 공부에서 훌륭한 결정을 하신 것 같군요. 좋습니다. 계속해서 당신의 경험들에 대해서 자세히 말씀해 주세요.

❷ 경험과 기술

마셰   대학교 2학년 때부터 졸업까지 저는 계속 방학을 이용해 아마존에서 아르바이트를 했습니다. 처음에는 고객 서비스 부서에서, 이후에는 마케팅 부서에서 일했습니다. 대학교 3학년 때부터 학교의 교환학생 프로

그램에 참가해서 베이징대학교에서 한 학기 동안 공부했습니다. 또 학기 중에 베이징의 한 전자상거래 회사에서 3개월간 실습했습니다.

스챵셩   음, 외국 실습생으로서 구체적으로 어떤 일을 했나요?

마셰   마케팅 부서에 배정되어, 신제품 판촉 활동에 참여했습니다. 제가 속한 프로젝트 팀의 구체적인 활동은 시장 조사, 판촉 방안 제정, 고객 관리 등을 포괄하는 일이었습니다. 이 실습은 제가 많은 유용한 것들을 배울 수 있게 했습니다. 대학 졸업 때, 저는 다시 중국에서 일정 기간 일하기로 결정했습니다. 운 좋게도 현재 직장에 지원하게 되었고, 이번 달이면 제가 상하이에서 일한 지 2년이 됩니다.

스챵셩   그럼 당신은 왜 우리 회사의 이 직무에 지원하셨나요?

마셰   저는 인터넷에서 이 직무에 대한 요구와 설명을 자세히 보았고, 이 일의 직책이 마케팅, 물류, 고객 서비스 등 다양한 방면이라는 것을 이해했습니다. 이는 제게 있어서 아주 좋은 도전이자, 전공 지식을 늘리고, 업무 능력을 제고할 수 있는 좋은 기회입니다. 이 일은 저로 하여금 저의 전공 특기를 더욱 잘 발휘하게 하고, 제 개인의 앞으로의 커리어를 발전시키는 데 더욱 유리할 것이라 생각합니다.

스챵셩   이 일에 있어서 당신의 강점은 무엇이라고 생각합니까?

마셰   저는 전자상거래의 운영 방식에 비교적 익숙하고, 물류와 고객 서비스 분야에도 어느 정도 경험이 축적되어 있습니다. 이외에도, 이미 중국에서 2년을 일했기 때문에, 중국 시장과 중국 소비자에 대해 잘 이해하고 있습니다.

스챵셩   음, 아주 군요. 마지막 질문입니다. 당신은 중국에서 장기간 일하고 싶습니까?

마셰   음, 이 문제는 대답하기가 쉽지 않군요. 이렇게 말씀드리겠습니다. 저는 중국에서 일하는 것이 아주 좋습니다. 저는 이곳에서 최소한 3년에서 5년 정도 일하고 생활하고 싶습니다.

스챵셩   좋습니다. 오늘 면접은 여기까지 하죠. 저희가 2주 안에 당신께 최종 결정을 알려 드리겠습니다. 고맙습니다!

마셰   고맙습니다. 또 뵙겠습니다!

핵심 문형 1

① ▪ 중국어를 잘 배워 두면 내 미래의 직업에 분명히 도움이 될 것이다.

▪ 이 일은 제 개인의 앞으로의 커리어를 발전시키는 데 더욱 유리합니다.

② ■ 이번 달이면 제가 상하이에서 일한 지 2년이 됩니다.

■ 오늘의 협상은 여기까지 하죠.

③ ■ 이 일은 저에게 있어 아주 좋은 도전입니다.

■ 중국 시장에 진출하려는 외국 상사에게 이것은 정말 좋은 기회입니다.

④ ■ 저는 물류와 고객 서비스 분야에도 어느 정도 경험이 축적되어 있습니다.

■ 만약에 가격에 관해 질문이 있으시면, 언제든지 마케팅 부서에 문의하시면 됩니다.

비즈니스 독해
중국의 구인 구직

오늘날 많은 외국 기업이 중국에서 비즈니스를 확장하며 인력을 모으고 있다. 그와 동시에 점점 많은 중국 회사 역시 세계 각지로부터 전문 인재를 초빙하기 시작했다. 많은 인사 부서에서는 이중 언어 능력을 채용의 우선 조건 중 하나로 생각한다.

당신의 회사가 중국에서 새로운 직원을 구하려 계획하든, 또는 당신 스스로 중국에서 일을 구하고 싶은지 간에, 가장 간단하고 효과적인 방법은 먼저 인터넷에서 찾아보는 것이다. 당신은 3대 구직 웹사이트에서 시작할 수 있다. '前程无忧(网)', '智联招聘(网)', '中华英才网'이 그것이다. 이 3대 구직 사이트 모두 중문과 영문으로 전국 범위의 구직과 구인에 관한 전문적인 서비스를 제공하고 있다. 아이디를 만들고 회원 가입을 한 뒤에 편리하게 웹사이트를 사용해서 일자리를 검색하고 이력서를 관리하며, 구직 가이드 및 헤드헌터 등의 서비스를 받을 수 있다.

중국에서 일자리를 찾는 또 다른 지름길은 채용박람회에 참가하는 것이다. 채용박람회 역시 인재 시장으로 불린다. 중국에서 채용박람회는 이미 사람들이 일자리를 찾고, 회사에서 새로운 직원을 구하는 핫플레이스가 되었다. 경제 성장과 전문 인재에 대한 수요 증가로 중국은 매년 다양한 유형과 규모의 수많은 채용박람회를 개최한다. 어떤 채용박람회는 해외에서 개최되기도 했다. 최근에는 상당수의 외국 기업도 중국 인재 시장의 채용 활동에 참여하고 있다. 만약 이 방면의 수요가 있다면, 한번 시도해 보는 것도 좋을 것이다.

핵심 문형 2

① ■ 많은 인사 부서에서는 이중 언어 능력을 채용의 우선 조건 중 하나로 생각한다.

■ 회사는 이번 교역회 참가를 중국 시장으로 진출하는 기회로 생각한다.

② ■ 당신의 회사가 중국에서 새로운 직원을 구하려 계획하든 또는 당신 스스로 중국에서 일을 구하고 싶은지 간에, 가장 간단하고 효과적인 방법은 먼저 인터넷에서 찾아보는 것이다.

■ 낮이나 밤이나 상관없이 여기는 늘 차가 막힌다.

③ ■ 경제 성장과 전문 인재에 대한 수요 증가로 중국은 매년 많은 채용박람회를 개최한다.

■ 새로운 무역 계약의 추진으로 이 제품의 수출 성장은 매우 빠르다.

④ ■ 만약 이 방면의 수요가 있다면, 한번 시도해 보는 것도 좋을 것이다.

■ 경험이 있는 우수한 인재를 초빙하기 위해, 올해 채용박람회에 가 보는 것도 좋겠다.

14 공업 단지

비즈니스 회화
❶ 지역 발전에 대한 대화

바이린 이곳의 발전이 이렇게 빠를 줄은 상상도 하지 못했네요!

장훙 그렇습니다. 지난 30년 동안 선전은 외자를 이용하여 경제 발전을 이루었고, 이미 작은 마을에서 현대화된 대도시로 탈바꿈했습니다. 현재 매년 점점 많은 외국 제조업자들이 이곳에 와서 사업을 하고 있으며, 전 세계적으로 유명한 많은 회사들이 선전에 투자했습니다. 우리가 오늘 시찰한 이 공업 단지가 바로 지역발전의 축소판입니다.

스챵성 선전이 무엇으로 이렇게 많은 외국의 투자를 끌어들이고 있는지 궁금하군요.

장훙 제 생각에는 우수한 투자 환경이 주요했다고 생각하는데, 특히 완벽한 인프라와 현지 정부의 외국 회사 투자에 대한 적극적인 지지 때문이라고 생각합니다.

스챵성 이 공업 단지는 생긴 지 얼마나 되었나요?

장훙 여기는 1년 전에 막 건립한 새로운 단지입니다.

스챵성 그러면, 인프라 건설은 전부 완성되었나요?

장훙 그렇습니다. 교통, 통신, 공공 부대시설 모두 이미 사용되고 있습니다. 지금까지 이미 20여 개의 회사가 입주를 체결하였습니다.

스챵성 발전이 정말 빠르군요. 실례지만, 입주 기업 중 외자 기업은 몇이나 되나요?

장훙 제가 아는 바에 의하면, 현재 입주 기업 중 절반은 외자 기업입니다.

바이린 와, 제 휴대전화까지 와이파이가 되는군요! 신호가 정말 좋아요!

장훙 그렇습니다. 모든 단지에서 무료로 인터넷 사용이 가능합니다.

❷ 벤처기업 방문

류 사장 장 주임님, 다들 오셨군요! 환영합니다! 여러분 와 주셔서 감사합니다!

장훙 안녕하세요, 류 사장님, 오래 기다리셨습니다. 제가 소개해 드리겠습니다. 이분은 동방신에너지사의 류 사장님입니다. 류 사장님, 이분은 미국국제무역회사 아시아 지역 총책임자이신 스창성 선생님이고, 이분은 바이린 양, 스 선생님의 비서입니다.

류, 스, 바이 안녕하세요, 안녕하세요! (악수)

스창성 류 사장님, 저희는 귀사가 현재 연구 개발 중인 가정용 신 에너지원 사업에 큰 관심이 있습니다. 현재 합작 파트너를 찾고 계신다고 들었습니다. 저희에게 간단한 소개와 설명을 해 주실 수 있나요?

류 사장 당연하죠. 저희는 설립한 지 얼마 되지 않은 과학기술 벤처기업입니다. 반 이상의 연구개발원이 해외파입니다. 현재 회사는 전문적으로 가정용 신 에너지원 기술과 응용 상품을 개발하고 있습니다. 저희는 이미 많은 특허를 신청했습니다.

스창성 흥미롭군요. 저는 가정용 신 에너지원이 확실히 큰 발전 잠재력을 가지고 있다고 생각합니다. 실례지만 귀사에 구체적으로 어떤 제품들이 있죠?

류 사장 이렇습니다. (컴퓨터를 켜면서) 보세요, 우리 제품은 신 에너지원을 사용하는 가정용 에어컨, 세탁기, 식기세척기, 오븐 등을 포함할 것입니다. 모든 제품이 저희가 스스로 연구 개발한 기술을 사용할 것입니다.

스창성 제가 정확히 이해했다면, 귀사는 지금까지 아직 정식으로 시장에 내놓은 제품은 없는 것이고, 이윤 역시 없는 것이군요. 외람되지만, 귀사가 어떻게 운영되고 있는지 여쭤봐도 되겠습니까?

류 사장 저희는 작년에 첫 번째 벤처 투자를 받았습니다. 동시에, 현지 정부의 적극적인 지지 하에 순탄하게 은행 대출 우대도 받았습니다. 우리의 제품이 내년 시장에 확실히 투입될 수 있도록 회사는 새로운 융자를 계획하고 있습니다. 스 선생님께서 관심이 있으신지 모르겠네요?

스창성 제 개인적으로 귀사의 항목이 마음에 듭니다. 제가 이번 시찰을 기초로 회사에 평가 보고서를 제출하겠습니다. 만약 어떤 진전이 있다면 바로 연락 드리겠습니다.

핵심 문형 1

① ▪ 선전은 이미 작은 마을에서 현대화된 대도시로 탈바꿈했습니다.
  ▪ 과거 몇 년 사이 이 작은 회사는 일반 대리점에서 컴퓨터를 생산하는 큰 회사로 탈바꿈했다.

② ▪ 이 공업 단지는 무엇으로 외국 투자를 끌어들이고 있습니까?
  ▪ 이 공장은 새로운 기술을 도입하여 제품의 품질을 향상시키고 있다.

③ ▪ 제가 아는 바에 의하면, 현재 입주 기업 중 절반은 외자 기업입니다.
  ▪ 제가 아는 바에 의하면, 그 회사는 신용장 지급 방식만 받아들입니다.

④ ▪ 제가 이번 시찰을 기초로 회사에 평가 보고서를 제출하겠습니다.
  ▪ 첫 번째 면담을 기초로, 회사는 세 명의 지원자를 선별했다.

비즈니스 독해
중국의 특구와 신구

경제특구, 개발구, 첨단산업구, 자유무역지구, 신구 이들은 모두 중국의 개혁·개방 과정 중 연이어 생긴 특수 구역이다.

1980년대 개혁·개방 초기, 중국은 잇따라 선전, 주하이, 샨터우, 샤먼에 경제특구를 그리고 하이난성에 경제특구를 건립했다. 이들은 모두 중국 남부 연해 지구에 위치해 있다. 2010년, 중국 서부 지역 경제의 발전을 위하여 중국은 또 신장 카스와 호르구스, 이 두 곳에 경제특구를 세웠다. 중국은 경제특구에서 특수한 경제 정책과 유연한 관리 시책을 시행하여, 외자 유치와 글로벌 기업의 입주를 꾀하였다.

개발구와 첨단산업구는 각각 경제기술개발구와 첨단기술산업구의 약칭이다. 1990년대 즈음은 개발구와 첨단산업구의 건립과 발전의 절정기였다. 개발구는 실제로 일종의 현대화된 공업 단지이다. 첨단산업구는 즉 지식집약형과 기술집약형 공업 단지를 조성하는 것을 목적으로 한다. 지금까지 전국에 이미 200개가 넘는 국가급 경제기술개발구와 100개 이상의 국가급 첨단기술 산업개발구가 있다. 이 두 종류의 구역에 입주한 기업 모두 일련의 우대 정책과 지역 정부가 제공하는 많은 편리한 서비스를 누리고 있다.

2005년 이후, 중국은 규모가 더 큰 국가급 신구의 건립을 시도하기 시작하였다. 신구는 정부의 정책 기능 부서의 성격을 지니고 있어, 구내에 국가의 특정 우대 정책을 실행할 수 있는 국가급 종합 기능 구역이다. 상하이 푸둥신구가 가장 먼저 건립되었다. 현재 가장 새로운 곳은 2017년 건립한 슝안신구이다. 이 외에도, 2013년 8월 중국은 푸둥신구 내에 경내 첫 번째 자유무역지구를 건립했는데, 바로 중국(상하이) 자유무역실험구이다. 상하이 자유무역지구는 더욱 큰 무역 자유와 금융, 투자 편리를 누린다. 글로벌 경제화와 '일대일로' 정책의 이중 추진하에, 중국은 현재 더 많은 자유무역지구를 건립하고 있다.

핵심 문형 2

① ▪ 가장 먼저 건립한 경제특구는 모두 중국 남부 연해 지구에 위치해 있다.

▪ 총재의 사무실은 회사 본관의 3층에 위치해 있다.

② ▪ 경제특구에서 특수한 경제 정책과 유연한 관리 시책을 시행하여, 외자 유치와 글로벌 기업의 입주를 꾀하였다.

▪ 우리는 시장 판로 개척을 위하여 더 많은 TV 광고를 내보내기로 결정했다.

③ ▪ 개발구와 첨단산업구는 각각 경제기술개발구와 첨단기술산업구의 약칭이다.

▪ 이 회사가 올해 출시한 신제품은 각각 에너지 절약 에어컨, 세탁기, 식기세척기이다.

④ ▪ 국가급 첨단산업구는 지식집약형과 기술집약형 공업단지를 그 목적으로 한다.

▪ 이번 판촉 활동은 이윤이 목적이 아니다.

15 계약 체결

비즈니스 회화

❶ 계약 심사

리신원 스 선생님, 바이 양, 이것이 오늘 우리가 서명할 세 건의 문서입니다. 각 문서마다 중문·영문 대조가 되어 있어요. 첫 번째는 올해 가을의 주문 계약서이고, 두 번째는 대리 계약서, 세 번째는 장기 협력 의향서입니다. 두 분은 서명 전에 각 항목, 특히 주문 계약서상의 관련 수량, 금액, 포장 요구사항, 납품 시기, 검수 기준, 지급 방식 등의 항목을 다시 한 번 더 검토해 주세요. 만약에 누락되었거나 적절하지 않은 부분이 있다면

수정할 수 있도록 바로 말씀해 주십시오.

스챵성 그러죠! 바이린, 우리 각각 한 부씩 봅시다. 한 번씩 다 본 후에 다시 바꿔서 봐요.

(스챵성과 바이린 계약 검토)

바이린 리 선생님, 여기 선생님과 다시 한 번 확인하고 싶은 문장이 있어요. 납품 시기에 관해 "8월 10일 전과 9월 10일 전 두 번에 나누어 납품한다."라고 문서상 쓰여 있습니다. 이것은 10일 이전에 귀사가 물품을 인도할 수 있다는 뜻입니까?

리신원 (미소 지으며) 우리가 지난번 협의한 결과에 따르면 쌍방이 정한 납품 기한은 8월 상순과 9월 상순입니다. '8월 10일 전과 9월 10일 전 납품'이라는 의미는 납품 시기는 반드시 8월 10일을 넘기지 않아야 한다는 뜻입니다. 당연히 가능하다면 우리는 최선을 다해 그전에 납품할 것입니다.

바이린 (미소 지으며) 아, 잘 알겠습니다. 존슨 씨, 또 다른 문제가 있는 것 같습니까?

스챵성 저는 계약서에 만약 판매자가 계약서의 물품 인도일을 놓쳐 구매자에게 경제적 손실을 입혔을 경우 구매자는 제소하거나 배상을 요구할 권한이 있다는 항목 하나를 보충하고 싶습니다. 사실 이 주문서의 물품 인도 시기는 우리에게 굉장히 중요하기 때문에, 어떠한 착오도 없었으면 좋겠습니다. 리 선생님, 이해해 주시길 바랍니다.

리신원 계약을 중시하고 신용을 지키는 것은 우리 회사의 원칙이기 때문에 우리는 반드시 제때에 납품할 것입니다. 그러나 저는 스 선생님의 요구를 충분히 이해하니 그 항목을 바로 추가하겠습니다.

스챵성 감사합니다! 그밖에, 저는 의향서에 "언제든 계약 진행에 있어 발생할 수 있는 문제를 해결하기 편리하도록 오늘 이후 쌍방은 매 분기 반드시 한 차례의 회의를 개최한다."는 문장을 하나 추가하길 제안합니다.

리신원 그 항목은 필요하니 즉시 추가하겠습니다. 감사합니다!

❷ 정식 서명

리신원 스 선생님, 이것은 계약서 원본입니다. 대체적으로 오늘 오전에 문제를 제기했던 부분은 귀측의 의견에 따라 모두 수정했습니다. 다시 한 번 보세요. 이번에는 양측 모두가 만족하길 바랍니다.

스챵성 (계약서를 보며) 네, 모든 조항이 다시 수정하거나 보충해야 할 부분 없이 아주 명확한 것 같습니다. 바이린, 어때요?

바이린 제가 보기에도 모두 좋습니다. 리 선생님, 신경 많이 쓰셨어요!

리신원 아닙니다. 마땅히 해야 할 일인걸요. 귀측은 사본이 몇 부 필요하십니까?

스챵셩 각 문건 모두 두 부씩 사본을 주시길 부탁합니다. 그밖에 괜찮으시다면, 제가 보관하기 편리하도록 디지털 백업 파일을 부탁드립니다.

리신원 네! 바로 선생님의 이메일로 모두 보내 드리겠습니다. 만약 다른 문제가 없다면 서명해도 될 것 같습니다. 스 선생님, 여기에 서명하세요!

스챵셩 네. (서명하며) 리 선생님, 이번 협상이 매우 성공적이라 아주 기쁩니다. 앞으로도 당신과 그리고 귀사와 더 많은 협력 기회가 있기를 바랍니다.

리신원 물론이죠, 반드시 그래야죠! 지금 서로 장기 협정을 맺었으니 협력 기회는 분명 점점 더 많아질 겁니다! (차를 따르며) 자, 우리 술 대신 차로, 우리의 이번 계약의 원만한 성공을 축하하고, 앞으로의 더 많은 협력을 위해 건배합시다!

바이린 (농담을 하며) 리 선생님, 앞으로 제가 베이징에 자주 와서 선생님을 귀찮게 할 것 같은데, 골치 아프신 건 아니시겠죠?

핵심 문형 1

① ▪ 납품 시기와 관련해, 저는 당신께 다시 한 번 확인하고 싶습니다.
　▪ 어제 협의에서 토론한 것은 쌍방의 장기간 협력에 관한 문제입니다.
② ▪ 우리가 지난번 협의한 결과에 따르면 쌍방이 정한 납품 기한은 8월 상순과 9월 상순입니다.
　▪ 우리는 고객의 요구에 근거하여, 제품 디자인을 수정할 수 있습니다.
③ ▪ 납품 시기는 반드시 8월 10일을 넘겨서는 안됩니다.
　▪ 이 신제품들을 시장에 내놓는 시기는 3월 상순보다 늦지 않을 것입니다.
④ ▪ 만약 납품 지연으로 구매자에게 경제적 손실이 발생하면 구매자는 배상을 요구할 권리가 있다.
　▪ 합작 파트너로서, 저희 측은 더 많은 관련 정보를 얻을 권리가 있습니다.
⑤ ▪ 대체적으로 오늘 오전에 문제를 제기했던 부분은 귀측의 의견에 따라 모두 수정했습니다.
　▪ 무릇 광고를 본 고객들 모두 우리 제품에 많은 관심이 있었다.

중국의 대외 경제 법규

외국 자본과 선진 기술을 더욱 잘 이용하여 중국 경제 발전에 도움이 되도록 하기 위해 중국 정부는 1979년부터 일련의 대외 경제 법규를 잇따라 제정하기 시작하였다. 그중 가장 중요한 것은 「중국외자기업법」이다. 「외자기업법」은 외자기업을 설립할 때 반드시 중국 국민의 경제 발전에 이익이 있어야 함을 요구한다. 「외자기업법」에는 외자기업의 설립 절차, 조직 형식, 세무 회계, 외환 관리 등 각 방면이 모두 자세히 설명되어 있다. 중국에서 투자하고 사업할 계획이 있는 모든 외국인에게 있어 이러한 법규 내용을 이해하는 것이 매우 필수적이다.

중국의 대외 경제 법률과 법규는 명확하게 외국 투자자의 합법적인 권익을 보호하도록 약속하고, 중국에 투자한 외국 제조업체와 회사, 개인을 공평하게 대우할 것을 보장한다. 중국의 대외 경제 법규는 호혜 평등의 기본 원칙을 강조하는 동시에 분쟁 해결의 수단인 협상, 조정, 중재, 소송 등 네 가지 다른 방식도 규정하였다. 분쟁의 공정하고 합리적인 해결을 위해 중국은 제3국에서의 중재 요구도 받아들였다.

전면적이고 유효한 중국의 대외 경제 법률과 법규의 실행은 분명하게 중국의 투자 환경을 개선해 외국 투자자의 투자를 독려하는 역할을 하였다. 오늘의 중국은 점점 더 많은 외국 투자자들의 관심을 끌고 있다.

핵심 문형 2

① ▪ 중국 정부는 외국 자본과 선진 기술을 이용하여 중국 경제 발전에 도움이 되기를 바란다.
　▪ 저는 이 기회를 이용하여 귀사와 내년 융자 문제를 토론하길 원합니다.
② ▪ 중국은 1979년부터 일련의 대외 경제 법규를 잇따라 제정하기 시작하였다.
　▪ 작년부터 그 벤처기업은 계속해서 절전형 가정용 전자 제품을 연구 개발 및 생산하고 있습니다.
③ ▪ 외자기업법은 중국에 투자한 외국 제조업체와 회사, 개인을 공평하게 대우할 것을 보장한다.
　▪ 합작 파트너로서 귀사는 저희 측에 더 많은 지지와 도움을 주시기를 바랍니다.
④ ▪ 전면적이고 유효한 중국의 대외 경제 법규의 실행은 외국 투자자를 독려하는 역할을 한다.
　▪ 나는 이번 우리의 홍보 활동이 반드시 제품을 판촉하는 역할을 할 것이라고 믿는다.

16 고별 연회

❶ 송별연에서

리신원 스 선생님, 바이 양, 오늘의 만찬 연회에는 두 가지 목적이 있습니다. 첫째는 우리 두 회사의 성공적인 합작을 축하하기 위한 것이고, 둘째는 두 분을 송별하기 위한 것입니다. 제가 동방수입출회사를 대표해 두 분께 깊은 감사를 표합니다. 자, 제가 두 분께 한 잔 올리겠습니다! 두 분이 이번 협상의 원만한 성공을 위해 들인 모든 노력에 감사드립니다.

(모두 건배한다)

스챵셩 리 선생님, 저희는 이번 중국 출장의 수확이 커서 정말 기쁩니다. 저도 이번 기회를 빌어 저희 회사를 대표해서 리 선생님과 동방수출입회사에 감사드립니다. 동방수출입회사가 저희들을 성대하게 접대해 주셔서 감사하고, 특히 리 선생님께서 이번 방문을 위해 해 주신 여러 가지 조처에 감사드립니다.

리신원 별말씀을요. 이번에 두 분과 함께 일할 수 있어서 아주 즐거웠습니다. 두 분의 이번 중국 출장은 우리들의 업무 연계를 더 강화시켰을 뿐만 아니라, 서로를 더욱 깊이 이해할 수 있게 해 주었어요. 이런 좋은 기초를 바탕으로 앞으로 분명히 더 많은 비즈니스 왕래가 이루어지리라 믿습니다.

스챵셩 저도 그렇습니다. 이번에 중국에 와서 중국의 발전을 제 눈으로 직접 볼 수 있었어요. 중국은 이미 중요한 경제대국으로 부상했어요. 어쩐지 요즘 이렇게 많은 각국의 제조업자들이 중국에 와서 사업을 하려고 하더라고요. 분명 미국의 많은 회사들이 우리가 동방수출입회사와 리 선생님 같은 든든한 '꽌시'를 얻게 된 것을 부러워할 것입니다. (웃으며) 리 선생님, 앞으로도 잘 부탁드립니다!

❷ 작별 인사와 선물 증정

바이린 시간이 정말 빠르네요! 마치 어제 중국에 온 것만 같은데, 내일 아침이면 곧 비행기를 타고 미국으로 돌아가는군요!

리신원 바이 양, 만약 정말 중국에서 며칠 더 머무르고 싶다면 우리는 대환영이에요.

바이린 그러고 싶지만, 이것은 저희 사장님이 저에게 휴가를 주기를 원하는지 아닌지에 달려 있겠네요.

리신원 방법이 하나 있는데, 다음 번엔 이 문제도 우리의 협상에 넣을 수 있을 것 같습니다. 스 선생님 생각은 어떤가요?

스챵셩 (웃으며) 죄송하지만, 이 일은 협상의 여지가 없겠는데요! 바이린은 저에게 없어서는 안 되는 유능한 비서니까요!

리신원 (웃으며) 스 선생님 역시 중국에서 휴가를 보내실 계획이라면 우리는 더욱 더 환영입니다!

스챵셩 저는 아내를 데리고 함께 중국 여행을 오고 싶었지만 줄곧 시간이 없었습니다. 아내는 늘 만리장성과 병마용을 보고 싶다고 하거든요.

리신원 좋습니다. 언제라도 결정되면 저에게 알려 주십시오. 제가 책임지고 일정을 잡을게요. 스 선생님, 바이 양, 이것은 우리 회사에서 두 분께 드리는 선물입니다. 이번 중국 여행의 기념이라고 생각하세요!

스챵셩 고맙습니다!

바이린 지금 열어 봐도 될까요?

리신원 물론이죠, 열어 보세요!

바이린 아, 징타이란 꽃병이네요. 정말 예뻐요! 리 선생님, 고맙습니다.

리신원 아닙니다. 약소하니까 기념으로 남기세요.

스챵셩 리 선생님, 저도 리 선생님께 선물을 하나 드리고 싶습니다.

리신원 아닙니다. 뭘 이런 걸 다 주세요!

스챵셩 꼭 받아 주십시오. 선물이 두 개 더 있는데, 번거로우시겠지만 리 선생님께서 왕 사장님과 장훙 여사에게 좀 전해 주세요.

리신원 알겠습니다. 그러면 제가 받겠습니다. 고맙습니다! 스 선생님, 바이 양, 내일은 제가 중요한 모임이 있어서 두 분을 배웅할 수 없습니다. 정말 죄송합니다. 그렇지만 장훙 주임이 두 분을 공항까지 모셔다 드릴 겁니다.

스챵셩 선생님께서 이렇게 며칠 동안 저희 곁에서 도와주고, 또 일부러 베이징에서 이곳까지 와 주신 것 만으로도 저희는 이미 매우 감사해요!

리신원 별말씀을요. 그렇게 생각하지 마십시오. 편히 가시길 바라겠습니다! 빠른 시일 안에 또 뵙게 되길 바랍니다!

스챵셩·바이린 고맙습니다. 안녕히 계세요!

① ■ 리 사장은 동방수출입회사의 이름으로 저녁 연회를 연다.

■ 이번에 스 선생과 부인은 박람회 참가 명목으로 중국에

왔다.

② ▪ 두 분이 이번 협상의 원만한 성공을 위해 들인 모든 노력에 감사드립니다.

▪ 이것들은 모두 본사가 현재 대리 판매하고 있는 제품들이다.

③ ▪ 어쩐지 요즘 이렇게 많은 각국의 제조업자들이 중국에 와서 사업을 하려고 하더라고요.

▪ 스 선생님은 이미 더 저렴한 상품 공급원을 찾았습니다. 어쩐지 그는 더 이상 협상을 원하지 않았어요.

④ ▪ 저는 마치 어제 막 중국에 온 것만 같아요.

▪ 천 공장장은 많은 샘플들을 가지고 왔는데, 마치 박람회를 열려는 것처럼 보였다.

⑤ ▪ 그러고 싶지만, 이것은 저희 사장님이 저에게 휴가를 주기를 원하는지 아닌지에 달려 있겠네요.

▪ 저는 아내를 데리고 함께 중국 여행을 오고 싶었지만 줄곧 시간이 없었습니다.

비즈니스 독해

믿을 만한 장기협력관계 조성

'꽌시'라는 단어를 말하면, 중국에서 사업하는 많은 외국인들은 바로 '뒷거래'를 떠올릴 것이다. '뒷거래'가 흔히 어떠한 문제들을 해결하는 것은 부인할 수 없다. 그러나 '뒷거래'라는 이러한 '꽌시'는 결코 안전하지 않다. 때로는 '뒷거래'가 당신의 일을 도울 수 없을 뿐만 아니라, 도리어 당신의 정당한 일을 그르치게도 하고, 심지어는 사기를 당하게 할 수도 있다. 중국에 와서 사업을 하려고 계획하는 모든 사람들에게 있어, '뒷거래' 할 방법을 생각하는 것보다는 성실하게 호혜 평등의 협력 관계를 쌓는 것이 더욱 안전하다.

중국인들은 장기적인 협력 관계를 중시한다. 만약 당신이 의지가 있는 사람이라면, 각종 상황을 이용하여 그들에게 당신의 회사도 이런 '꽌시'를 중시한다는 것을 알릴 수 있다. 중국인과 사업을 하거나 친분을 쌓고자 할 때는, 당신의 속마음을 털어 놓아 상대방이 당신의 입장을 충분히 이해하게 하는 것이 좋다. 격렬한 협상 중에 꼭 갖추어야 할 것은 인내와 이해, 그리고 서로 간의 존중과 우호적인 태도이다. 중국인이 당신을 눈앞의 이익만을 보고 사업하는 사람이라고 생각하게 해서는 안 된다. 때로 당신은 양측의 논쟁을 해결하기 위해서 적절한 타협을 해야 한다. 적절한 타협은 중국인이 체면을 살렸다고 생각하게 만들 뿐만 아니라, 당신을 사리에 밝으며 사귈 만한 사람이라고 믿게 만들 것이다.

계약서에 서명한 후에야 성공했다고 말할 수 있다. 이는 바로 당신이 때를 놓치지 않고 밀어붙여 양측의 관계를 다질

수 있는 좋은 기회이다. 술자리에서 건배하는 것 외에도, 잊지 말아야 할 것은 당신이 회사를 대표해서 앞으로도 지속적으로 상대측과의 협력을 바란다는 표시를 하는 것이다. 당신의 중국 친구로 하여금 당신의 회사가 장기 협력 관계를 유지할 뜻이 확실히 있음을 믿게 해야 한다. 당신도 이 기회를 빌려 중국 친구에게 한두 가지 의미 있는 작은 선물을 주어도 괜찮다. 중국 사람들은 늘 "선물은 변변치 않으나 그 성의만은 크다."라고 말한다. 선물은 고마움을 표시할 수 있을 뿐만 아니라, 당신이 서로 간의 우의를 중요하게 생각한다는 것도 나타낼 수 있다.

요컨대 중국의 문화를 더 많이 이해하고, 중국인을 더 많이 알면 중국에서 사업하는 데 분명 도움이 될 것이다.

당신의 성공을 빈다!

핵심 문형 2

① ▪ 때로는 '뒷거래'가 당신의 일을 도울 수 없을 뿐만 아니라, 도리어 당신의 정당한 일을 그르치게도 한다.

▪ 왕 선생은 우리와 합작하길 원하지 않을 뿐 아니라, 오히려 판매 대행권을 다른 회사에 주고자 한다.

② ▪ '뒷거래' 할 방법을 생각하는 것보다는 성실하게 호혜 평등의 협력 관계를 쌓는 것이 더욱 안전하다.

▪ 매일 스스로 거리에 나가 제품을 판촉하기보다는 차라리 비용을 써서 TV에 광고를 하는 게 낫다.

③ ▪ 당신은 이 기회를 빌어 당신의 중국 친구에게 한두 가지 의미 있는 작은 선물을 주어도 괜찮다.

▪ 저는 이 기회를 빌어 저의 감사의 마음을 표하고 싶습니다.

④ ▪ 요컨대 중국의 문화를 더 많이 이해하는 것은 당신이 중국에서 사업하는 데 분명 도움이 될 것이다.

▪ 한마디로 말하자면, 이번 중국 여행의 수확은 크다.

01 到达中国

I

어휘 연습

1 (1) 出境　　(2) 轻松　　(3) 进口　　(4) 放心

II

핵심 문형 연습 1

1 (1) 我不是来做生意的。我是来旅行的。

　(2) 李经理是去做生意的。

2 (1) 北京机场真不错！

　(2) 您的公司真不错！

　(3) 中国菜真不错！

　(4) 这儿的风景真不错！

3 (1) 我就是美国来的史先生。

　(2) 我就带了两件行李。

4 (1) 我们经理经常提起那家中国公司，我们
　　希望能和他们有贸易合作。

　(2) 你从来没有向我提起过你们公司想看货
　　样（的事情）。

5 (1) 谢谢你（开车）到机场接我。

　(2) 白小姐，谢谢你把电脑借给我使用。

III

핵심 문형 연습 2

1 (1) 使/让史先生觉得很累。

　(2) 这使/让白小姐很高兴。

2 (1) 只要公司不突然派我出差，我就可以去
　　接机。

　(2) 只要我们能在价格上做一些让步，那家
　　公司就会很乐意买我们的产品。

3 (1) 别担心，能说多少就说多少。

　(2) 没关系，能谈多少就谈多少。

4 问：当李经理给白小姐照相的时候，史老板
　　在做什么？

　答：当李经理给白小姐照相的时候，史老板
　　在看书。

　问：当老张睡觉的时候，小明在做什么？

　答：当老张睡觉的时候，小明也在睡觉。

5 现在来中国做生意的外国人越来越多。

IV

독해와 작문 연습

1 (1) 去过。史先生过去在台湾工作过两年，
　　白小姐去年来过北京。

　(2) 他们这次是来中国做生意的。

　(3) 入境的时候，他们需要填入境登记卡和
　　海关申报单。

　(4) 他们带的东西不需要交税。因为没有商
　　业价值的广告和货样可以免税，而且他
　　们带的礼物也没有超过两千元。

　(5) 史强生是白琳的老板。

　(6) 李信文先生是中国东方进出口公司的副
　　总经理。白琳去年在北京认识了李先生。

　(7) 史先生知道李先生，因为白琳常常跟他
　　提起李先生。

　(8) 他们公司的名字是美国国际贸易公司。

　(9) 他们坐了十几个小时的飞机。

02 在酒店

어휘 연습

1 (1) 在中文里，"旅馆"也可以叫宾馆、饭店和酒店，它们的意思都一样。

(2) 住旅馆的时候，可能会用到这些词汇：预订、房间、标准间、套房、旅客登记表、护照、押金、现金、信用卡、房卡、洗衣房、洗衣袋、叫醒、服务台、商务中心、上网、外币兑换、大厅、餐厅、星级，等等。

2 (1) 现金/押金/美金

(2) 信用卡/房卡/电话磁卡

(3) 大厅/餐厅/客厅

(4) 洗衣房/洗衣袋/洗衣机

핵심 문형 연습 1

1 (1) 坐了十几个小时的长途飞机，他们不但很累而且很饿。

(2) 这家五星级酒店设施非常完备，客人不但可以免费上网，而且还可以免费使用打印机和复印机。

2 (1) 我为他们预订了旅馆。/ 我为他们预付了旅馆押金。/ 我为他们安排了晚饭。

(2) 他们到旅馆以后，我还要为他们兑换人民币。

3 西楼标准间平日的价格比主楼的便宜那么多啊！/ 主楼总裁套房周末的价格比平日贵了五百多块钱！

4 (1) 如果您有信用卡的话，您也可以用信用卡付旅馆押金。

(2) 如果您自带了笔记本电脑，您的房间里就可以免费上网。

5 (1) 今天李经理

(2) 在酒店服务台登记的时候，我才发现护照不见了，当时我

(3) 这家酒店不但设施齐全，还有接机、送机服务，

핵심 문형 연습 2

1 (1) 中国有很多有趣的地方，像多民族聚居的丽江、多湾的海滨城市三亚等等。

(2) 在中国会说中文会有很多好处，像可以交到很多中国朋友、中国人会更主动地帮助你等等。

2 (1) 我特别喜欢吃中国菜，尤其是北京烤鸭。

(2) 一般来说，中国人对外国人非常友好，尤其是你对他们说汉语的时候。

3 (1) 如果你要去中国商务旅行，你最好先练习练习你的中文。

(2) 如果你想跟我联系，最好用因特网。

4 (1) 您好，请您帮我换500美元的人民币。

(2) 请您能帮我开门好吗？我忘了带我的房卡。

독해와 작문 연습

1 (1) 李先生为史强生和白琳在长城饭店预订了房间。他预订了一间标准间和一间套房。

(2) 标准间一天六百五十块，套房一天九百块。

(3) 住旅馆的时候，客人需要填写旅客登记表。

(4) 是的，客人需要先付房间押金。

(5) 如果客人有脏衣服需要洗，他们可以把脏衣服放在洗衣袋里交给服务员，也可以把洗衣袋留在房间里，等服务员来拿。

(6) 这家旅馆的"叫醒"服务电话是1237。

(7) 旅馆的客人可以去二楼的商务中心用互

联网；如果客人自己带了电脑的话，客人的房间里就能免费上网，不需要密码。

(8) 这家旅馆有外币兑换服务，就在大厅的服务台。

03 正式见面

▶ 어휘 연습

1 (1) 正式见面　正式谈判
　(2) 签订订单　签订合同
　(3) 洽谈合作　洽谈订单
　(4) 服务周到　安排周到

2 (1) 旅馆，安排，周到
　(2) 日程，确定，稍后，旅行社
　(3) 考察，投资环境
　(4) 主管，联系
　(5) 宾主，礼仪，拥抱

▶ 핵심 문형 연습 1

1 (1) 白小姐，美方，这次访问的目的。
　(2) 马局长和陈厂长，中方，今天的会谈。

2 (1) 别担心，让我来帮你换吧。
　(2) 让我们先把这次访问的日程确定一下吧。

3 (1) 双方讨论了很多问题。
　(2) 白小姐交了两位中国朋友。

4 (1) 我这次来中国访问的目的是洽谈贸易合同。
　(2) 王总下个月去美国的目的是参加展会，顺便考察一下投资环境。

▶ 핵심 문형 연습 2

1 (1) 宾主初次见面的时候，中国人习惯用握手来表示欢迎、感谢或者友好，而美国人则习惯用互相拥抱来表达。
　(2) 中国人(当然)习惯喝茶。

2 (1) 即使那家旅馆非常贵，我也愿意住。
　(2) 即使很疲惫，明天我也要去参观工厂。

3 (1) 用互联网订票或订旅馆，既省时又省力，所以很多人都喜欢这种消费方式！
　(2) 那家旅馆既远又贵，我再也不去住了！

4 (1) 交换名片既便于记住对方的名字，又便于今后互相联系。
　(2) 会说中文，便于跟中国合作伙伴交流，便于在中国做生意。

▶ 독해와 작문 연습

1 (1) 中方参加今天见面的有王国安总经理、李信文副总经理、张红主任；美方有史强生总裁和总裁助理白琳小姐。
　(2) 他们互相交换了名片。
　(3) 史强生是美国国际贸易公司亚洲地区总裁，白琳小姐是史强生总裁的助理。
　(4) 张红是中国东方进出口公司公共关系部主任。
　(5) 因为白琳去年来北京的时候，她和李先生合作得很愉快。
　(6) 美国代表这次来中国的目的是洽谈今年秋季的新订单和签订代理合同。
　(7) 美国代表还想参观几家工厂，看看生产情况。要是有时间的话，他们还希望去上海和深圳考察一下儿那儿的投资环境。
　(8) 今天晚上王总请美国客人吃饭，明天上午是双方的第一次会谈。

(9) 可以随时跟王总或者李先生联系，或者告诉张红主任。

04 日程安排

어휘 연습

1 (1) 暂时的停留 → 李经理打算在深圳逗留三天，考察那里的几家工厂和公司。
  (2) 花费精力、心思 → 这次的谈判让您费心了!
  (3) 不能缺少，一定要有 → 做生意少不了请客吃饭。

핵심 문형 연습 1

1 (1) 还要讨论、修改明年的代理合同。
  (2) 还要参观几家高科技公司。

2 (1) 连合同都
  (2) 连样品都

3 (1) 没关系，反正我们还要在这儿待两天。我们可以明天去。
  (2) 好啊! 反正晚上没有别的安排。

4 (1) 您不要把"未"写成"末"了，这两个汉字差不多。
  (2) 对不起，麻烦您把这些韩文翻译成中文好吗?

핵심 문형 연습 2

1 (1) 在今天的洽谈中，双方代表不仅讨论了今年秋季的订单，而且修改了代理合同。
  (2) 因为美国代表不仅希望能多参观访问几家工厂，而且想去经济特区考察，所以他们希望在中国多逗留几天。

2 (1) 我觉得无论是长城饭店还是希尔顿饭店，他们的服务都很好!
  (2) 无论是礼物还是货样，你都应该填海关申报单。

3 (1) 请客吃饭有助于建立关系、发展友谊。
  (2) 参观、考察那些发展很快的中国公司和工厂有助于了解中国市场最新发展动态、寻找商机。

4 (1) 那家公司严格把控产品质量，遇到问题主动承担责任，有谁还能拒绝和那家公司合作呢?
  (2) 长城见证了中国漫长的历史，是中国几千年文化沉淀的产物，外国人来中国，有谁还能不想去参观长城呢?

독해와 작문 연습

1 (1) 他们计划在中国逗留八天。
  (2) 因为去年白琳在北京的日程就是李信文安排的，每天都安排得满满的，连给男朋友打电话的时间都没有。
  (3) 因为他听说深圳的投资环境很好，经济发展得很迅速，尤其是高新科技产业的发展，他很希望能有机会亲眼看看。
  (4) 在北京的时候，除了洽谈业务以外，美国代表还要去参观一家服装厂，一家玩具厂，游览故宫和长城。

(5) 李先生计划后天晚上请美国客人吃北京烤鸭。

3 (1) 你就早点儿回旅馆休息吧。

(2) 您就请坐上座吧!

(3) 就都别客气了!

4 (1) 忙不过来了!

(2) 接不过来了!

(3) 回答不过来了!

05 出席宴会

어휘 연습

1 (1) 最好的、最受尊敬的座位 → 贵宾应该坐在上座。

(2) 两个地区之间的时间差距 → 最近在美国出差, 时差很大, 晚上睡不着。

(3) 尊贵的客人 → 今天来的都是贵宾, 我们一定得好好招待。

(4) 举行宴会或仪式时各就位次 → 请各位来宾入席!

(5) 真实诚恳, 没有一点儿虚假 → 为表示对您真诚合作的谢意, 本公司决定即日起从贵公司购买本产品!

(6) 非常有名 → 北京的"全聚德"烤鸭世界闻名。

2 请刚从别的地方来的人吃饭叫做"接风"。如果有朋友或者客人从别的地方来, 好客的中国人常常给他们"接风"。

핵심 문형 연습 1

1 (1) 东坡肉是中国最有名的菜之一。

(2) 春节是中国最重要的节日之一。

2 (1) 虽然我知道茅台酒非常有名, 但是我真的不会喝酒。

(2) 虽然我非常感谢您的邀请, 但是这几天我非常忙。以后有机会再说吧。谢谢!

핵심 문형 연습 2

1 (1) 据说微软、通用汽车、花旗银行等等大公司都在中国做生意。

(2) 据说满汉全席有一百多道菜。

(3) 据说中国人宴会上菜的次序是先上冷盘, 再上热炒和大菜, 最后是米饭、汤和甜点。

2 (1) 茅台酒非常有名, 就是在美国也有很多人知道它的名字。

(2) 这个月王总非常忙。就是星期六也常常得工作。

(3) 就是我不太会喝酒, 也一定要尝尝。

3 (1) 一只烤鸭

(2) 一瓶茅台酒

(3) 今后几天的日程

4 (1) 我要先申请签证, 再买飞机票, 最后预订旅馆。

(2) 他们先洽谈新订单, 再讨论代理合同, 最后商量参观工厂的问题。

(3) 如果我去中国旅行, 我会先上网了解自己感兴趣的名胜古迹, 再订宾馆, 最后订机票, 准备出发。

독해와 작문 연습

1 (1) 参加宴会的人有(外贸局)马局长、(东方进出口公司总经理)王国安、(公共关系部主任)张红、(美国国际贸易公司亚洲地区总裁)史强生先生和他的助理白琳小姐。

(2) 宴会的主人是王总经理，贵宾是史先生和白小姐。

(3) 这家饭店是北京最有名的饭店之一。这家餐厅布置得可真漂亮。

(4) 王总请史先生和白小姐坐在上座。

(5) 马局长是外贸局局长。他也坐在上座。因为王总说马局长是领导。

(6) 白小姐没有喝茅台酒，因为她不会喝酒。

(7) 因为主人给客人夹菜是中国人的一种习惯，它代表主人真诚和好客。

(8) 王总举行这个宴会是给从美国来的史先生和白小姐接风。他希望跟这家美国公司的合作能圆满成功。

06 初步洽谈

I

▶ 어휘 연습

1 (1) 第一步，开始的阶段
  (2) 另外进行讨论、商量
  (3) 商业零售单位向个人或集团消费者出售商品的价格
  (4) 受损失

2 (1) 零售价　　(2) 保留
  (3) 回答　　　(4) 卖主

II

▶ 핵심 문형 연습 1

1 (1) 我们对贵公司的服装产品很感兴趣。

(2) 我对这款新设计很感兴趣。

2 (1) 星期一由王经理为你们介绍公司情况和产品。
  (2) 星期二由李经理带你们参观工厂。
  (3) 星期三由张主任陪你们考察经济特区。

3 (1) 今天双方要洽谈明年的合同。
  (2) 我们这次设计了几款新毛衣。

4 (1) 王总经理这几天特别忙跟下个季度的生产计划有关系。
  (2) 那位总裁先生不太高兴跟谈判不顺利有关系。

III

▶ 핵심 문형 연습 2

1 (1) 选择、购买商品的时候，只有"货比三家"才能不吃亏上当。
  (2) 只有多听、多说、多读才能提高你的中文水平。

2 (1) 我愿意用联想公司生产的电脑。因为联想电脑式样又新、质量又好。
  (2) 是啊，又要看展会，又要参观工厂，还有很多喝酒的应酬！
  (3) "知己知彼"这句话是说要想战胜对方，只有又了解自己，又了解对方才可以。

3 (1) 自从出现了智能手机以后，手机屏幕有了越来越大的趋势。
  (2) 自从学中文以后，我对中国有了更多的了解。

4 (1) 在式样上，我们的产品设计又好看又特别。
  (2) 在生产上，我们用的是现在最新的高科技。
  (3) 在质量上，我们的产品是最好的。

5 (1) 他们一方面要参观工厂，一方面要洽谈新的合同。

(2) 市场竞争一方面带来了更多的机会，一方面也带来了更多的挑战。

IV

> **독해와 작문 연습**

1 (1) 美方代表要了解中方公司今年可以提供哪些产品。中方公司的代表要向美方代表介绍产品和价格。

(2) 今年东方进出口公司的产品有百分之八十是新设计的。

(3) 传统产品列在产品目录的最后。

(4) 美方代表对新设计的产品特别感兴趣。

(5) 零售价高。零售价比批发价高百分之十五到百分之二十五。

(6) 没有列出价格的是试销品。这些产品的价格可以参照同类产品的价格另议。

(7) 西装的价格比较高跟它的质量和设计有关系。

2 (1) "货比三家不吃亏"的意思是：如果你想买东西，最后多去几家商店，比较比较它们的价钱和质量。只有这样才不会吃亏上当，才能买到又便宜又满意的好东西。我买东西的时候也经常货比三家，因为只有这样，我才能买到物美价廉的产品。

(2) "知己知彼"这句话出自《孙子兵法》。正如这句话所说，我们做生意时，一定要先了解相关行业市场行情，充分掌握有关信息，才能成功。

07 参观工厂

I

> **어휘 연습**

1 (1) 降低成本　降低价格

(2) 引进技术　引进人才

(3) 调整计划　调整价格

(4) 生产效率　市场效率

II

> **핵심 문형 연습 1**

1 (1) 很好，再次入住

(2) 很深刻，马上签署合作协议

2 (1) 质量有保证，才能使客户对我的产品满意。

(2) 这次到中国访问，史先生对参观车间的安排非常满意，但对行程太满、没有时间给女朋友打电话有点儿不满意。

3 (1) 这份订单最好能赶在下班前发出去。

(2) 我们得赶在圣诞节前交货。

4 (1) 明天的谈判内容一是产品的质量，二是产品的价格。

(2) 他们考察那家服装厂的目的一是考察设备，二是了解管理水平。

5 (1) 今年产品的成本价每万件比去年降低了一万元。

(2) 今年新设计的产品种类比去年多了二十多种。

(3) 今年产品质量的满意度比去年好了很多。

III

> **핵심 문형 연습 2**

1 (1) 这本目录上列出的价格分为零售价、批发价和试销价三种。

(2) 一般说，中国的企业分为国有、私有和民营三种。

2 (1) 我觉得成本对产品的价格有影响。

(2) 我觉得生产效率对产量有影响。

3 (1) 我发现那些可爱的泰迪熊是在这儿生产的。

(2) 许多民营企业成为了国有企业的竞争对手。

4 (1) 样品也好，车间也好，我都想看看。

(2) 国有企业也好，民营企业也好，我的公司都希望能有合作的机会。

IV 독해와 작문 연습

1 (1) 张红陪史先生和白小姐去玩具厂参观。

(2) 这家工厂的厂长叫陈大方。他在这儿已经十多年了。

(3) 美国客人这次来一是要对他们表示感谢，二是想亲眼看看工厂的生产情况。

(4) 厂长说引进组装线降低了成本、提高了产量和质量。

(5) 美国客人看到的玩具是为迪斯尼公司生产的。

(6) 美国客人觉得这家工厂的管理很好，设备很先进。他们对这家工厂的印象很好。

2 (1) 中国的国有企业一般由中央政府或当地政府投资并进行管理。

(2) 国有企业在资金、原料、技术和销售上都有一定的优势。

(3) 政府鼓励个人或私有企业承包、租赁、兼并或者购买那些效益不好的国有企业。

(4) 国有企业和民营企业都需要按政府的经济政策调整自己的发展计划。

(5) 因为在中国政府改革开放政策的推动下，许多国有企业和民营企业都在积极寻求与外国企业合作的机会，所以现在是进入中国市场的大好机会。

08 价格谈判

I 어휘 연습

1 (1) 特价　　(2) 降价　　(3) 底价

(4) 讨价还价　(5) 市场价　(6) 零售价

(7) 批发价　(8) 促销价　(9) 让价

2 (1) 行情，报价/报盘，竞争力

(2) 降低，还盘

(3) 漫天要价，货源

(4) 报价/底价/零售价，利润，降价

II 핵심 문형 연습 1

1 (1) 这次美国贸易代表团来中国的目的是就双方的贸易问题进行谈判。

(2) 明天我们要跟客户就我们的报盘和他们的还盘进行谈判。

2 (1) 因为成本的增加，我们这个月不得不提高这种产品的报价。

(2) 因为你们的报价太高了，我们不得不决定跟日本公司签订合同。

(3) 为了保留住老顾客，商店有时候不得不给这些顾客一些特别的折扣。

3 (1) 很抱歉，即使贵方同意让价百分之五，我们公司还是不能增加进货数量。

(2) 即使是世界公认的名牌，这个报价对我们来说还是太贵了！

(3) 放心！即使让价这么多，我还是不会赔本的。

4 (1) 虽然我的中文不太好，但不比我老板的中文差。

(2) 现在在中国旅行坐火车很方便，往往坐火车并不比坐飞机慢。

1 (1) 式样和质量固然都有了改进，不过颜色我们并不满意，恐怕还是不能跟你们进货。

(2) 李先生固然很善于讨价还价，不过对方也很善于讨价还价，所以双方没有谈成那笔生意。

2 (1) 商业谈判的成功取决于细心地准备和耐心地沟通。

(2) 外国企业能不能在中国取得成功取决于对中国社会制度和经济制度的了解。

3 (1) 在生意上，善于跟客户沟通的助手是好助手。

(2) 因为李先生善于跟外国公司打交道，所以派他去美国洽谈业务。

4 (1) 当名牌商品卖不掉的时候，商店就非大打折扣不可。

(2) 要想让对方多订购一些我们的产品，我们就非调整我们的价格不可。

(3) 因为李先生今天非得把明天谈判的工作准备好不可。

1 (1) 这次双方代表谈判的关键是进货的价格和数量。

(2) 美方对毛衣和牛仔裤感兴趣。

(3) 牛仔裤的报价是每打二百四十美元。这个价格包括运费。

(4) 因为毛衣是新设计的，式样和质量都有很大的改进，而且成本也比去年高，所以中方提高了毛衣的价格。

(5) 皮夹克的报价是每打一千八百美元。

(6) 中方知道他们的皮夹克产品还没有建立知名度，所以他们愿意适当降低价格。

(7) 美方(对皮夹克)的第一次还盘是每打一千二百美元，第二次还盘是每打一千四百美元。

(8) 中方皮夹克的底价是一打一千六百美元。

(9) 美方最后决定订购毛衣和牛仔裤各两千打，各有百分之三的折扣。

(10) 美方最后决定不买皮夹克，因为他们觉得价格还是太高了。

09 交货和付款

1 (1) 合同，货款，方式，分期

(2) 申请，银行，付款，国际，信用证

2 (1) 很多商品都有季节性。例如T恤衫和皮夹克。夏天应该是T恤衫的销售旺季，秋天和冬天大概是皮夹克的销售旺季。

(2) 一个月的前十天叫"上旬"，第二个十天叫"中旬"，最后十天叫"下旬"。

1 (1) 我打算通过调查市场价格和产品销路来了解市场行情。

(2) 我打算通过进一步改进生产管理来提高产品质量。

2 (1) 你：请问，您对我们毛衣的式样有什么要求？

客户：说到毛衣的式样，我们希望既要有一些新款设计又要有一些传统的式样。

(2) 你: 请问，您对交货时间有什么具体要求?

客户: 说到交货时间，我们希望能在今年圣诞节前两个星期交货。

3 (1) 你不是看错人了吧?

(2) 他们不是不打算跟我们做生意了吧?

4 (1) 白小姐先到北京。白小姐比史先生早到(北京)两天。

(2) 那家公司的交货时间比合同要求的时间晚交了十四天。

5 (1) 我希望把一百万美元分成十个月付款。

(2) 我(方)希望把这个问题分成两步讨论。

(3) 我计划把我的公司分成两个小(一点儿的)公司。

1 (1) 我喜欢跟讲信用的人打交道。

(2) 我不喜欢跟资金周转有问题的公司打交道。

2 (1) 参加明天会议的人仅限于局长以上的官员。

(2) 很抱歉，我们目前接受的支付方式仅限于汇付和信用证。

3 (1) 在昨天的会谈中，双方讨论了外国银行在上海设立分行的问题。

(2) 在双方讨论的问题中，最重要的问题是用人民币结算和支付的问题。

4 (1) 多方面的广告宣传

(2) 技术革新的深入和管理的改善

1 (1) 今天中美双方要讨论交货时间和付款方式。

(2) 美方希望中方能在八月上旬交货。因为去年他们的商品比别人的晚进入市场两

个星期，结果吃了亏。

(3) 中方的困难是目前生产计划已经排满了。

(4) 白琳提出的解决办法是分成八月上旬和九月上旬两次交货。

(5) 因为王总是中方的总经理，也是李经理的老板，所以李经理要给他打电话，请他作决定。中方接受了白琳的建议。

(6) 中方要求美方预付百分之三十的货款，其余的货款采用即期信用证。

(7) 中方目前不接受承兑交单的付款方式。

(8) 因为虽然李先生和白琳小姐是朋友，可是在谈判的时候李先生总是用"亲兄弟，明算账"的态度，公事公办，非常认真，一点儿也不客气。

10 销售代理

1 (1) 达成协议　达成妥协

(2) 扩大市场　扩大影响

(3) 遭受损失　遭受失败

(4) 面临破产　面临困境

2 (1) 尽所有的力量 → 我们一定会想办法，尽力提前交货。

(2) 做生意的时候付给中间人(或代理)的报酬 → 那位代理对他的佣金非常不满意。

(3) 对一个地方的人和情况都很陌生，不熟悉 → 在一个人地生疏的地方做生意真不容易!

(4) 没有任何怀疑和问题 → 毫无疑问，这些都是非法仿制品!

1 (1) 在昨天的谈判中，双方就佣金问题达成了协议。
　 (2) 陈厂长跟他的竞争对手就双方合作达成了协议。

2 (1) 作为生产厂家，一定要了解市场的需要和变化，所以常常要做市场调查。
　 (2) 作为外国人，在中国做生意最大的问题就是语言的交流和沟通。

3 (1) 那种新型空调(可是)真不便宜！
　 (2) A：百分之十的佣金(可是)太高了！
　　　 B：可是我觉得很合理。别忘了，我方(可是)分担了一半的广告费用呢！

4 (1) 有关(洗碗机的)批发价和零售价的情况，你可以看我们的产品目录。
　 (2) 对不起。有关我们公司去年的销售总额的情况，我目前不能告诉你。

5 (1) 把销售总额提高百分之一。
　 (2) 本公司提供免费的修理和退换服务。

1 (1) 这个星期李经理从星期一到星期日都有会谈和宴会。
　 (2) 从进口生意到出口生意，那家公司都做。

2 (1) 但是今年企业亏损已经开始减少。
　 (2) 保证企业的资金周转正常是非常重要的。
　 (3) 一些外国企业对于进入中国市场仍然没有信心。

3 (1) 在中国家庭里并不总是女士洗碗。
　 (2) 普通代理并不能全权代表厂家和享有产品专卖权。

4 (1) 报盘和还盘即报价和还价。
　 (2) 人民币的单位分三种，即元、角、分。

5 (1) 因为这样做有利于迅速进入中国市场。
　 (2) 引进最新的高科技有利于老企业提高生产效率和竞争力。

1 (1) 美方对交货时间和付款方式达成的协议非常满意。
　 (2) 因为王总经理打算跟美方讨论在中国代理销售美方产品的问题。
　 (3) 王总希望东方进出口公司可以成为美方在中国的独家代理。
　 (4) 因为美方已经跟中国广东的一家公司有了代理销售空调的协议，所以美方觉得把独家代理权给东方公司不合适。
　 (5) 美方可以向中国银行北京分行查询东方公司的资信情况。
　 (6) 东方公司希望提取百分之十的佣金。如果双方分担广告费用，佣金可以减到百分之八。
　 (7) 如果独家代理，东方公司每年至少可以进口五百万美元的洗衣机。
　 (8) 东方公司计划为洗碗机做一个市场调查，因为洗碗机是第一次在中国试销，销路怎么样还不清楚。

11 广告与促销

1 (1) 突出，形象
  (2) 卖点，宣传，有效，传达

1 (1) 六月三十日，星期五，离开洛杉矶去北京；
     七月五日，星期三，离开北京去上海；
     七月七日，星期五，离开上海去深圳；
     七月九日，星期日，离开深圳回洛杉矶。

2 (1) 中方和总裁见面想就货物销售合同的具
     体条款进行谈判。
  (2) 就交货时间和付款方式进行讨论。

3 (1) 产品详细资料和营销都，市场开发
  (2) 中国市场的情况，遭受了重大经济损失

4 (1) 合理，否则我们将取消和贵公司的合作。
  (2) 否则我们不会考虑邀请影星担任品牌形
     象代言人。

1 (1) 想在一场商业谈判中取得成功，一定离
     不开细心和耐心。
  (2) 外国企业想在中国顺利发展一定离不开
     对中国文化、市场、政策的深入了解。

2 (1) 他能以最有效的方式来跟不同的客户打
     交道。他是我们公司最好的销售经理。
  (2) 那则电视广告以中国消费者喜爱的形式
     有效地传达了有关产品的信息。

3 (1) 跟上海进出口贸易公司的张经理见面会

谈。跟张经理的会谈一结束，她就跟服
装厂洽谈明年的订货合同。订货合同一
洽谈完，她就去吃中饭。

  (2) 一吃完中饭，她就去考察家用电器厂。
     考察工厂一结束，白小姐就跟张经理和
     陈厂长一起吃晚饭。
  (3) 一吃完晚饭，就去游览外滩。

4 (1) 值得注意的是越来越多的消费者喜欢外
     国产品和名牌产品。
  (2) 值得注意的是，由于新的经济政策，贵
     方公司不得不调整投资计划。

5 (1) 在一般消费者看来，物美价廉的商品最
     值得花钱买。
  (2) 在很多厂家看来，投资风险小、利润大
     的产品值得生产。

6 (1) 物美价廉的商品，谁不愿意买呢？
  (2) 做广告的时候，谁不喜欢说自己的产品
     好呢？

1 (1) 美方代表今天计划要去上海。他们离开
     以前要和李信文先生就怎样做好产品的
     广告宣传和销售交换意见，并制定一个
     初步方案。
  (2) 因为李信文先生要在史先生和白琳离开
     之前和他们就怎么做好产品的广告宣传
     和销售交换意见。
  (3) 史强生认为这次广告宣传的目的应该是
     为自己公司的家电产品正式进入中国市
     场宣传造势，突出自己公司的品牌形象。
  (4) 这个品牌产品的优势和卖点是节能、环保。
  (5) 李信文建议邀请一位著名影星担任品牌
     形象代言人。
  (6) 史强生总裁认为李先生的建议是一个不
     错的方法，不过费用可能会比较高。

(7) 除了产品广告宣传以外，中方还计划搞一次大型促销活动。

(8) 因为可以根据销售情况来调整销售策略。首先在全国各大城市进行产品促销活动。如果市场销路好，再把促销活动范围扩大到中小城市。如果销路不够好的话，还可以对销售策略进行及时调整。

(9) 在中方公司的官网上会有免费送货上门、延长产品保修期和"买一送一"等优惠活动。

12 在交易会

1 (1) 简单、简短的称呼 → "世贸组织"是"世界贸易组织"的简称。

(2) 没有疑问 → 参加交易会无疑是获得市场信息的一个好办法。

(3) 符合实际情况的话 → 实话对您说，我们公司的产品很受消费者欢迎，去年销售量全国第一。

(4) 方法 → 今年的目标是寻找国际销售途径，开拓国际市场。

1 (1) 在李经理的陪同下，美国贸易代表团昨天下午坐飞机到达了上海。

(2) 晚上在上海外贸局马局长的陪同下，美国客人出席了文艺晚会。

2 (1) 这款空调有三种型号供顾客选择。

(2) 我想把我们产品的小册子给您，供您参考。

3 (1) 这款最新型号的苹果手机看起来外观设计变化很大。

(2) 古董车的外形设计看起来大都具有复古的美感。

4 (1) 今年最受欢迎的汽车就数丰田汽车(了)。

(2) 中国最大的外汇银行就数中国银行(了)。

5 (1) 我觉得上海浦东算是一个投资的好地方。在那儿开一家广告公司应该算是一个比较合适的投资。因为现在很多外国公司都希望能有一个很好的广告公司为他们提供在中国的广告服务。

(2) 我觉得中国的丝绸产品算是值得买的纪念品。北京秀水街的东西也许算是物美价廉了。

1 (1) 我以我能在这家公司工作为荣。因为这家公司是中国最有名的公司之一。

(2) 明天的会谈将以双方的合作与投资为主题。

2 (1) 这次交易会我们没有参展，除了因为太忙以外，还因为我们没有新产品。

(2) 明天美方代表的活动很多，除了要考察一家工厂以外，也要参观新产品博览会，还要出席宴会。

3 (1) 会有"王婆卖瓜，自卖自夸"的问题。

(2) 要遭受损失。

4 (1) 我打算以信用证的办法付款。

(2) 我打算以参加产品交易会的办法为我们的产品打开销路。

1 (1) 因为这次交易会不但全中国各地都有厂商参加，而且还有不少外国公司参加。

(2) 史先生最想看家电产品和纺织服装。

(3) 史先生看到的新型空调机除了有制冷功能以外，还有除湿、制暖和净化空气的功能。

(4) 因为厂家甲生产的空调功能特别多，零售价却都在市场上同类产品的价格以下，批发价更优惠。所以史先生觉得在中国做生意竞争很激烈。

(5) 因为他们厂的丝绸产品获得过多次国家优质产品金奖，最符合史先生和白小姐对丝绸产品的要求。

(6) 史强生和白琳觉得这位厂商的丝绸产品很有吸引力、式样新、价格也很有竞争力。

2 (1) 中国规模最大的商品交易会是广州出口商品交易会。广交会在每年的春季和秋季举行。

(2) 因为厦门投洽会以投资洽谈为主题，全面介绍当年的各类招商项目，外国投资者可以从这里获得投资中国的最新信息，所以说它是"投资中国的桥梁"。

(3) 因为参加中国的交易会是熟悉中国市场、获得最新商业信息的有效途径。而且参展的很多厂商往往以降低价格、提供各种优惠条件的办法来吸引买主。所以说对跟中国有贸易关系的厂商来说，参加中国的国际商品交易会是一个好办法。

13 招聘面试

1 (1) 筛选, 届, 参展
(2) 荣幸, 展示, 多功能, 型号
(3) 为止, 跨境, 模式
(4) 实习生, 幸运, 分配, 团队, 积累

2 专业, 特长, 经验, 经历, 双语能力, 职位, 职责, 简历, 业务能力, 实习, 优点, 缺点, 性格, 兴趣

3 见到您很荣幸!

1 (1) 双语能力可能会对快速获取商业信息有帮助。

(2) 因为网上销售的运营模式对降低企业成本有帮助。/ 因为网上销售的运营模式对企业增加销售、提高市场占有率有利。

2 (1) 直到今天的谈判为止，我们的讨论还没有涉及到供应商的问题。

(2) 作为一名实习生，我被分配到客服部。我的职责是通过电话回答客户的问题，直到他们满意为止。

3 (1) 对于招聘单位来说，录用新人最重要的要求是看他的专业素养和团队合作能力。/ 对于招聘单位来说，录用新人最重要的要求是社交能力和职业精神。

(2) 对我来说，这个职位能充分发挥我的能力。/ 对我来说，这个职位和我的长期职业规划有联系，我非常感兴趣。

4 (1) 售后服务市场
(2) 企业策划和销售

1 (1) 应届毕业生常把招聘会视为找工作的好地方。

(2) 你应该把下周的面试视为最重要的事情，而且必须做好准备。

2 (1) 有问题的时候，他很善于跟客户沟通，所以不管是老板，还是客户都很喜欢他。

(2) 在中国的大城市，交通总是非常繁忙，上午、下午和晚上都堵车。坐地铁又快又便宜，不管是下雨还是下雪都不用担心。

3 (1) 首届资本市场论坛顺利召开。

(2) 改革开放政策，该市的经济得到了迅速发展。

4 (1) 你不妨经常浏览一下前程无忧网。

(2) 从北京到上海，你不妨坐高铁去，高铁舒适、随时可以上网，而且时间也差不了太多。

1 (1) 为了进一步扩大在中国的业务，美国国际贸易公司决定招聘一位派驻中国的业务代表。

(2) 史强生和白琳面试的申请人叫马杰，他今天是从浦东来参加面试的，他是坐地铁来的。

(3) 在美国上大学的时候，马杰的专业是市场营销，他从高中的时候开始学中文。

(4) 马杰目前在上海现代商贸公司工作。他在公司的物流部工作，负责跟海外供应商的联系和沟通。他在这家公司工作快两年了。

(5) 马杰正在申请的这个工作的职责涉及营销、物流、客服多个方面。

(6) 这个职位要求申请人有中英文双语能力，尤其是应该有用中文跟中国客户交流和沟通的能力。

(7) 马杰认为对他来说这不但是一个很好的挑战，而且也是一个增加专业知识、提高业务能力的好机会。

(8) 申请这个工作，马杰觉得他的强项是对电商的运营模式比较熟悉，在物流和客服方面也积累了一些经验。

(9) 因为马杰已经在中国有关电商公司工作实习了两年，对中国市场和中国消费者比较了解。

(10) 我觉得马杰能得到这个工作。因为他除了具有中英文双语能力以外，还有相关工作经验，对中国市场和中国消费者也比较了解，而且还愿意长期在中国工作。

14 工业园区

1 (1) 完(成)，完(善)，完(备)

(2) 投(入)，投(资)，投(放)

(3) 保(证)，保(险)，保(持)

(4) 特(区)，特(殊)，特(点)

2 (1) 发展：改革开放以后，我国的经济取得了高速发展。

进展：你负责的那项业务进展如何啊？

(2) 投资：这家企业没有建新厂，而是在企业改造上下功夫，仅投资八十万元，效益却比去年好很多。

融资：今年以来，我市银行与企业面向社会的民间融资更加活跃。

(3) 看好: 4月3日、4日, 交易会上销售势头好, 美方公司与参展单位正式签订一大批供货合同, 现场商品销售看好。

看起来: 看起来产品质量不好也不行。

(4) 特殊: 不管有任何特殊情况, 我们都要保证合作方的利益不受损失。

特定: 国家级新区内实行国家特定优惠政策, 是国家级的综合功能区。

1 (1) 经过十年的努力, 她从公司一名普通员工变成了公司主管。

(2) 在国家经济政策的扶持下, 我们公司从独资企业变成了合资企业。

2 (1) 引进外国新技术

(2) 当地政府的支持

3 (1) 据我所知, 此工业园区的投资环境比较好, 尤其是基础设施特别完善。

(2) 据我所知, 这届交易会参展的厂商是有史以来最多的一次, 你们公司可别错过这样的好机会啊!

4 (1) 经过两次面试

(2) 几番考察

1 (1) 家电用器展览位于交易会大厅入口的右边。

(2) 成品车间位于工厂的东边、组装车间的后边。

2 (1) 和我们公司常打交道的银行分别是中国银行、工商银行和建设银行。

(2) 销售代理商一般分为五种, 分别是总代理、独家代理、一般代理商、单一商号

代理商和区域代理商。

3 (1) 工厂调整了生产计划, 以便赶在十月上旬交货。

(2) 我去那个地区考察了三天, 以便了解那儿的投资环境。

4 (1) "买一送一"是以薄利多销为目的的, 此策略能吸引大批顾客购买产品, 公司根本不会赔本。

(2) 中国建立经济特区、开发区、高新区等等特殊区域的目的是靠特殊的经济政策和灵活措施来吸引外资, 发展经济。

1 (1) 深圳已经从一个小镇变成了一个现代化的大城市。

(2) 深圳主要依靠良好的投资环境, 尤其是完善的基础设施和当地政府对外商投资的积极支持来吸引外资。

(3) 因为一年前刚刚建立的新园区基础设施建设已经全部完成了, 而且已经有二十几家企业签约入驻了。

(4) 因为他们对这家创业公司正在研发的家庭新能源项目很感兴趣, 而且这家公司也正在寻找合作伙伴。

(5) 这家创业公司正在研发家庭新能源技术和配套产品。

(6) 这家创业公司目前还没有任何盈利, 它依靠获得的第一笔风险投资和银行优惠贷款来保持正常运营。

(7) 这家创业公司下一步的计划是保证产品能在明年投放市场。

(8) 史先生在报告里会说打算和此家创业公司进行融资合作。

15 签订合同

I

▶ 어휘 연습

1 (1) 签署协定　签署文件
  (2) 审核合同　审核方案
  (3) 执行规定　执行政策
  (4) 造成延误　造成损失
  (5) 按时交货　按时付款
  (6) 保护双方利益　保护措施

2 (1) 关心和注意 → 我们一直非常关注中国的
      经济发展。
  (2) 先后一个一个的、逐渐的 → 中国政府已
      经陆续制订了一系列涉外经济法规。
  (3) 答应、保证去做 → 对方公司已经承诺预
      付百分之三十的货款。
  (4) 对双方都公平、都有好处 → 平等互利应
      该是国际贸易的基本原则。

▶ 핵심 문형 연습 1

1 (1) 我拿的是一本关于中国商品交易会的小
      册子。
  (2) 明天要签署一份关于长期合作意向的文件。

2 (1) 根据定期市场调查报告，厂商可以调整
      生产计划。
  (2) 我会根据自己的特长和市场需求来决定
      投资什么项目。

3 (1) 秋季订单的交货时间将不晚于7月31号。
  (2) 提交评估报告的时间不能晚于下周五。

4 (1) 如果买了质量有问题的商品，消费者有
      权要求退货。

(2) 如果延误了交货时间，买方有权向卖方
    提出索赔要求。

5 (1) 凡是做生意都会有风险。
  (2) 凡是这份合同上的条款都应该立刻执行。

III

▶ 핵심 문형 연습 2

1 (1) 如果我是一个代理商，我将利用因特网
      来获得市场信息。
  (2) 如果我是公司总裁，我打算选择一批优
      秀的中国销售代理，利用他们来为我的
      产品打开中国市场。

2 (1) 他便全身心投入工作中了。
  (2) 平等互利就是我们的原则。
  (3) 他就承包运输，挣得了人生的第一桶金。

3 (1) 因为那家民营银行给予刘经理以优惠贷款。
  (2) 园区给予签约入驻园区的企业以免费使
      用无线网络和健身房的特权。

4 (1) 销售旺季进行降价、打折可以起到吸引
      更多顾客的作用。
  (2) 在广告宣传中突出品牌形象可以起到提
      升品牌知名度的作用。

▶ 독해와 작문 연습

1 (1) 中美双方将要签署今年秋季的订货合同
      和长期协定意向书。
  (2) 白琳要求再次确定交货时间。
  (3) 中方同意在合同中补充"如果因为卖方交
      货时间的延误，造成买方的经济损失，
      买方有权提出申诉和索赔。"这一条款。
  (4) 除了文件的正本以外，美方还需要每份
      文件的两份副本和一份电子版的备份。
  (5) 史强生和李信文分别代表中美双方签署

了文件。

(6) 因为有了长期协议，所以说今后双方一定会有更多的合作机会。

(7) 李先生当然会很高兴，因为他们已经和美国公司签署了长期合作的协议。白琳一来北京就是商谈经济合作业务的。

16 饯行告别

1 (1) "一路平安"是指旅途中没有任何事故。此成语是对出门人的祝福，在送朋友去旅行的时候可以说："一路平安"！

(2) "礼轻情意重"是指送的礼物虽然便宜，但是送礼人的情谊却很深厚。在送朋友礼物的时候可以说"礼轻情意重"，也表示送礼人的谦虚。

(3) "有心人"是指一个人清楚地知道自己做事或说话的目的，对身边的情况和事物也很留心、肯动脑筋。这样的人就是"有心人"。

(4) "通情达理"是说一个人说话办事都合乎人情事理。在谈判中，既明白人情事理又愿意与对方交流和沟通、愿意尊重和理解对方的态度就是"通情达理"的态度。

1 (1) 王总以东方进出口公司的名义给史强生先生写信，正式邀请他来访问。

(2) 马局长以主办单位的名义举行宴会，欢迎参加交易会的客人们。

2 (1) 飞利浦是我所喜欢的家用电器产品的牌子。

(2) 海南岛是我所想去度假的地方。

3 (1) 她有一点儿难过。

(2) 经理这几天很着急。

4 (1) 你最近好像样子很累似的。(你)应该注意身体哦！

(2) 合同草案中的第三条好像不太合适似的。您再看看是否需要修改补充一下儿？

(3) 我觉得我的佣金好像低了一点儿似的。如果我能努力把销售额再提高一些，您看有没有可能把我的佣金也增加一些呢？

5 (1) 这件毛衣的式样张小姐倒是很喜欢，就是觉得价格贵了一点儿。

(2) 王总倒是很愿意把销售电脑的独家代理权交给长城公司，不过他已经跟另一家公司有了合作协定。

1 (1) 因为这种洗碗机不但不能把碗洗干净，反而把不少碗弄坏了！

(2) 我给他当了三年助理，(他)不但不给我任何鼓励，反而降低了我的工资。我真不愿意干了！

(3) 那家公司不但不执行合同的规定，反而说我们没有诚意。我们当然不想再跟他们合作了！

2 (1) 我想与其给每位客户送一件小礼物，不如请他们一起吃一顿饭。大家一起吃饭的时候更便于交流信息，建立联系。

(2) 与其买他们的产品，不如直接跟丝绸厂按照批发价购买，物美价廉！

3 (1) 可以借这个机会更好的宣传我们的公司和产品。

(2) 我可以借此机会和美方代表加深一下感情，更利于我们以后的合作。

4 (1) 到了一个人地生疏的地方应该注意的事情很多。总之，"入境问俗"是不会错的。

(2) 跟中国人做生意、打交道的时候，耐心、理解、尊重和友好的态度都是不可缺少的。总之，要让他们觉得你是一个通情达理、值得交往的朋友，而不仅仅是一个只想赚钱的生意人。这样你在中国的业务就会越来越成功。

(3) 找产品销售代理的时候，应该注意了解对方的经营管理水平和销售网点情况。总之，资信调查是不可缺少的。

IV

▶독해와 작문 연습

1 (1) 今天的晚宴是李信文以东方进出口公司的名义进行的。

(2) 今天晚宴的目的是庆祝中美两家公司这次成功的合作，同时也为史先生和白小姐饯行。

(3) 因为美国客人这次的访问主要是由李先生负责安排的，所以史先生要特别谢谢他。

(4) 白小姐、史先生还有史先生的太太都想来中国度假。

(5) 李先生以东方公司的名义给史先生和白小姐送了礼物。史先生也给王总经理、张红主任和李先生送了礼物。

(6) 张红主任会送史先生和白小姐去机场。

단문을 속독하고, 녹음을 들어 보며 매 과의 내용을 복습해 보세요.

01 到达中国 TRACK 01-09

坐了十几个小时的飞机以后，美国国际贸易公司的史先生和白小姐总算到达了北京。入境的时候，他们用中文填写了入境登记卡和海关申报单。中国海关有规定(guīdìng 규정, 규칙)：不是自己用的东西，价值超过两千元人民币就要交税。不过，没有商业价值的广告和货样不必交税。史先生和白小姐这次是来中国做生意的，他们带了一些产品广告、货样和几件小礼品。这些东西都可以免税。在海关，一位严肃的海关官员请他们打开箱子，还用英文问了他们几个问题。史先生和白小姐用中文回答了他的问题，这使那位海关官员很高兴。她笑着说："你们的汉语真不错！"史先生和白小姐发现，当他们说中文的时候，中国人总是非常高兴，也更乐意帮助他们。他们想，会说中文真有很多好处。史先生告诉白琳："以后只要有机会，就要说中文。"顺利地办完了海关手续，史先生和白小姐走出机场。白小姐看见东方公司的李经理就在出口等他们呢。白小姐给史先生和李经理做了介绍。李经理说："我看你们一定累了吧？"他请史先生和白小姐上车，送他们去酒店休息。

02 在酒店 TRACK 02-09

长城酒店是一家五星级酒店。李先生已经为史先生和白小姐在这儿预订了一间标准间和一间套房。白琳去年来北京的时候，就住在这家旅馆。这次又回到这儿，她可高兴了。她告诉史强生她很喜欢长城酒店。她觉得这家酒店的地点很方便，去哪儿都很容易。她还告诉她

的老板，这儿有商务中心、健身房、游泳池、美容沙龙、礼品部、餐厅等等，设施完备，服务也非常好，尤其是这家酒店的自助餐厅。如果可能的话，她打算每天都在这儿吃饭。史先生笑着说："如果每天都在这儿吃饭的话，我们最好每天都用健身房。"在服务台，服务员小姐请他们先填一张旅客登记表。她还看了他们的护照。"欢迎你们来北京！这是你们的房卡。"服务员笑着说，"请问，您打算怎么付押金？"史先生回答说："刷卡吧。"史先生觉得用信用卡比用现金方便得多，他打算在中国的时候能用信用卡就用信用卡。可是白琳说她喜欢用现金。如果要付的钱很多，她才会用信用卡。她想在服务台兑换一些人民币。

03 正式见面 TRACK 03-09

史先生和白小姐住进了长城酒店。他们发现这家旅馆既有周到的服务又有完备的设施，地点也很方便。他们用美元兑换了一些人民币，在商务中心使用了复印机，请洗衣房为他们洗了衣服。白琳在她的房间里上了网，还去健身房锻炼了一会儿。今天美方代表要跟中方正式见面。早上七点，史先生和白小姐就起床了。史先生没有用"叫醒"服务。他说他习惯早起床。不过，白小姐用了"叫醒"服务。她说她不习惯早起床。在北京期间，她可能每天都需要用"叫醒"服务。李先生是八点来酒店接他们的。到了东方进出口公司，王国安总经理和张红主任已经在等他们了。李先生为双方作了介绍。王总说，他代表东方公司欢迎史先生和白小姐，希望他们的这次访问一切顺利。双方互相握手，交换了名片。大家都说了一些表示客

气和问候的话，像"幸会""久仰""请多指教"等等。史强生注意到，即使是老朋友，中国人也总是握手表示问候，很少互相拥抱。他还注意到，王总经理的名片上列了五个头衔。他想王总一定是一位很重要的人。今天的见面双方都很高兴。王总告诉史先生和白小姐，在他们访问中国期间，如果有什么问题的话，可以随时打电话给他或者李先生。

04 日程安排 TRACK 04-09

今天中美双方的正式见面进行得很顺利。王总经理代表东方进出口公司对美方代表表示了欢迎。史强生先生代表美国国际贸易公司向中方说明了这次访问的目的。这次美国代表打算在中国逗留八天。他们不但要跟东方公司洽谈新订单和签订代理合同，而且想去上海和深圳考察投资环境。见面以后，史先生、白小姐和李信文先生讨论了他们的日程安排。他们计划先在北京待四天，再去上海和深圳。李先生为他们在北京安排了很多活动。除了洽谈业务以外，他们还要参观几家工厂、看表演、游览故宫和长城。李先生告诉他们，如果有时间的话，服装厂的钱厂长、玩具厂的陈厂长都想请他们一起吃饭。李先生自己打算请他们品尝北京烤鸭。史先生和白琳知道，无论是来中国出差还是私人访问，游览和赴宴都是少不了的活动。不过，每天都得参加宴会还是让他们觉得有一点儿不习惯。白琳对李先生说："去年我听了您的安排，结果每天都有人请我吃饭。最后不但胖了十磅，而且连男朋友也吹了！"史先生知道白琳早就跟她的男朋友分开了。现在听见白琳把这件事说成是李先生的错，史先生笑了。他告诉李先生别担心，白琳是在开玩笑呢！李先生也笑了。他说，如果怕胖的话，那就多吃一些有助于健康的东西。不过李先生又说："你们到了北京，北京烤鸭当然应该吃。今天晚上我就请你们去尝一尝！"史强生和白琳都笑

了。他们想，李先生这么客气，有谁还能说不去呢？

05 出席宴会 TRACK 05-09

史先生和白小姐到达北京已经两天了。他们住在长城酒店。长城酒店是一家五星级酒店，服务很周到，设施也很完备，房间布置得非常漂亮。尤其是酒店的互联网服务，客人在自己的房间就可以免费上网，又快又方便。因为吃得好、睡得好，史先生和白小姐都觉得已经没有时差了。今天上午，史先生、白小姐跟东方进出口公司的王国安总经理正式见了面。下午，他们跟东方公司李信文副总经理讨论了日程安排。李副总告诉他们，他已经跟服装厂、玩具厂的主管说好了去参观的事。他也联系了上海的一家高新科技公司和深圳的一家创业公司，安排好了去参观、考察的事情。晚上，王总经理在当地一家著名的饭店为他们接风。外贸局的领导马局长也参加了宴会。王总请他们喝中国的茅台酒。他还用了孔子说过的一句话欢迎史先生和白小姐。史先生知道茅台酒是中国最有名的酒，可是他也知道明天有很重要的洽谈，所以他只喝了一小杯。

06 初步洽谈 TRACK 06-09

参加了昨天晚上的欢迎宴会以后，史先生和白小姐回到酒店休息。虽然比较累，但是史先生睡得不太好。他觉得他的时差问题好像又回来了。按照日程安排，今天中美双方代表要举行初步商务洽谈。史先生和白小姐已经为今天的洽谈做了很多准备。上午八点半，东方进出口公司公关部的张红主任开车来酒店接史先生和白小姐。从酒店到东方公司有点儿远，不过今天路上车不多，所以很快就到了。中方的王国安总经理和李信文副总经理已经在公司会议室等他们了。双方握手、问好以后，王总先

请美国客人看了一个产品视频。史先生觉得这个视频做得很漂亮，可是不够具体。李副总拿出了两本服装产品目录，客气地说："这是我们今年的产品目录，请二位过目。"他告诉史先生和白小姐："列在目录前面的都是今年的新产品，列在最后几页的是保留的传统产品。目录上的价格都是零售价。批发价要低百分之二十左右。"李副总又拿出了一些货样请他们看一看。美方代表对其中一些新设计的服装产品特别感兴趣。他们觉得这几款服装的式样、颜色都非常好。如果在美国市场上推出，一定很有吸引力。不过，他们也有一些问题要问。

白小姐注意到有几款很漂亮的产品没有列出价格。史先生想知道为什么西装的价格比别的公司的高。李副总告诉他们，那些没有列出价格的都是试销品。如果美方打算要，价格可以参照同类产品的市场价另议。另外，这个品牌的西装是他们传统的出口产品，质量和设计都特别好，所以价格也高一点儿。到午饭的时间了，双方决定吃完饭以后再继续洽谈。

07 参观工厂

这两天史先生和白小姐的日程活动都安排得非常满。昨天他们和中方举行了初次洽谈，了解了产品的价格情况。今天他们又参观、考察了一家玩具厂。美国国际贸易公司跟这家工厂有过合作。去年他们订购的一批玩具就是在这儿生产的。产品在美国投放市场以后很受欢迎。美方对那批玩具的质量和设计都非常满意。这次史先生和白小姐来的目的一是想表示感谢，二是想亲眼看看工厂的情况。玩具厂的陈厂长接待了美国客人。他向美国客人具体介绍了工厂的设备和产品，还陪他们参观了工厂新引进的组装线和成品检验车间。工厂的管理和效率给了史先生和白小姐很深的印象。史先生告诉陈厂长他非常希望今后双方能有更多的合作。

08 价格谈判

在过去的两天里，东方公司公关部主任张红陪史先生和他的助理白琳小姐参观、考察了服装厂和玩具厂。美国客人亲眼看到了这两家工厂的生产和管理情况。他们都非常满意。中美双方也初步洽谈了新的订单。今天，双方谈判的关键是进货的数量和价格问题。美方代表对目录上列出的很多产品都很感兴趣。他们具体询问了几款毛衣、牛仔裤和皮夹克的价格。美方想知道为什么毛衣和牛仔裤的报价比去年高了百分之十。中方代表告诉他们，这是因为两个原因。一是产品的质量和式样比去年更好，二是生产成本比去年高，所以价格比去年高了一些。中方表示，如果美方能增加订购数量，毛衣和牛仔裤各进货一千打以上，他们愿意让价百分之三。不过，这是中方的底价了。美方经过认真考虑，接受了这个价格，订购了两千打新款毛衣和两千打牛仔裤。遗憾的是，皮夹克的谈判没有成功。美方认为，中方的皮夹克还是试销品，还没有知名度，所以不应该这么贵。可是中方觉得美方的还盘太低。如果接受这样的价格，他们就要赔本了。中美双方都知道，现在市场竞争非常激烈，只有设计好、式样新、质量高、价格合理的产品，才能有销路。

09 交货和付款

在这两天的谈判中，中美双方就秋季的订单讨论了很多具体问题。其中包括产品的品种、数量、价格等。除了在一两种产品的价格上有不同意见以外，双方对洽谈结果都非常满意。今天他们还进一步讨论了订单的付款方式和交货时间问题。因为美方考虑到他们订购的服装产品季节性很强，为了能赶在销售旺季前投放市场，所以提出了提前交货的要求。中方在认真考虑以后，同意了美方的要求。双方决定把这次的秋季订单分成两次交货，八月上旬交一半的货，九月上旬交另一半的货。中方的李经理又联系了服装厂的陈厂长，请他马上调整生产计划。不过，中方为了不让自己的资金周转受到影响，要求美方预付百分之三十的货款，其余的货款采用即期信用证的方式支付。美方接受了中方的要求。谈判结束后，白小姐对李先生说："你可真厉害！说到钱的时候，一点儿情面都不讲！"李先生笑了，他知道白小姐是跟他开玩笑。他告诉白小姐，这就是中国人常说的，"亲兄弟，明算账"。

10 销售代理 　　TRACK **10-09**

在过去的几天中，中美双方代表进行了多次洽谈，讨论了从产品价格、付款方式到交货时间等问题。虽然在洽谈过程中，双方有一些不同的意见，但是这些问题最后都得到了圆满解决。今天东方公司又向美方提出了独家代理销售美方家电产品的要求。可是美方告诉东方公司，节能空调的代理权已经给了广东的一家公司，在代理协议有效期内，美方不能把独家代理权交给东方公司。通过一个上午的洽谈，双方最后达成了协议。协议包括：第一，美方同意从明年开始由东方公司在中国独家代理销售环保洗衣机和节能家用洗碗机。第二，考虑到洗碗机产品是第一次在中国市场试销，中美双方同意先签订一年的洗碗机独家代理协议。洗衣机独家代理的有效期为三年。

第三，中方同意明年至少进口和销售五百万美元的洗衣机产品。第四，双方同意以上两种产品的代理佣金是百分之八。第五，如果中方能够满足以上第三条的要求，美方同意分担百分之五十的广告费用。双方代表对谈判结果都非常满意。史强生和白琳发现，要想在这样的国际商务活动中取得成功，耐心的交流和沟通是少不了的。

11 广告和促销 　　TRACK **11-09**

在昨天的谈判中，中美双方代表讨论了东方公司在中国代理销售美方家电产品的问题。通过差不多一天的谈判，双方达成了协议。从明年开始，东方公司将在中国独家代理销售美方的环保洗衣机和节能洗碗机。中方保证将尽力扩大国内市场，进口、销售更多的美方产品。美方同意中方提取百分之八佣金的要求，也同意分担一半的广告宣传费用。今天上午双方代表进一步讨论了明年的销售策略，就怎样更好地宣传产品和突出品牌形象交换了意见。双方代表认为，既然节能和环保是产品的两大卖点，那么广告宣传就一定要有效地传达出这些信息。中方代表还建议邀请一位著名影星担任产品的形象代言人，利用名人效应，为产品进入中国市场宣传造势。不过，考虑到这样做的费用可能会比较高，所以东方公司市场部将先找一家有经验的广告公司咨询一下儿费用问题，然后再做决定。今天的洽谈到快十一点半才结束。双方最后就明年的产品宣传和销售制定了一个初步方案。午饭以后，美方代表坐高铁离开了北京去上海。

12 在交易会 　　TRACK **12-09**

上午在北京，下午到上海。白琳觉得时间过得非常快。昨天一早，东方公司的李信文先生就赶到白琳和史强生住的酒店，跟他们讨论有关明年的广告策划和销售策略等问题。李信文对中国市场的情况很熟悉，而且广告策划是他的强项，所以他提了不少很好的建议供美方参考。这些建议包括突出新产品的卖点和优势，邀请著名影星担任品牌形象代言人，分两个阶段在全国推出大型促销活动和网上促销活动等等。白琳认为这些建议都很合理。她觉得李信文是一个工作效率很高的人。每次跟他打交道都让白琳觉得很愉快。今天，陪同史先生

和白小姐到上海的张红主任又陪他们参观了今年的上海商品交易会。张红告诉他们，这届交易会以科技创新(chuàngxīn 혁신)为主题，有一千多家国内外厂商参加，参展的产品都是今年投放市场的新产品和新设计，有些产品已经获得了优质金奖。史先生和白小姐对家电和服装产品特别感兴趣，他们看了差不多几十个展位，拿了不少产品资料，获得了很多有用的信息。白琳觉得参加中国的交易会真是一种很有意思的经验。她听说广交会是中国规模最大的商品交易会。她希望下次能有机会去那儿亲眼看一看。

13 招聘面试　　

对于史先生和白小姐来说，今天又是很忙的一天。上午，他们在东方公司张红主任的陪同下，参观了今年的上海商品交易会。这次的交易会规模很大，有国内外一千多家厂商参展。史先生和白小姐在那里认识了好几位厂商代表，他们还交换了名片和联系方式。史先生对展出的一种新款空调机特别感兴趣。他还仔细地询问了这种空调的各种性能和市场销售价。白琳对服装展区更感兴趣。她参观了几乎每一个展位，比较了各家的设计、质量和价格。史先生和白小姐都觉得中国的消费者市场非常有潜力，但是竞争也很激烈。

下午，史先生和白小姐安排了一个面试。他们公司正在招聘一位派驻中国的业务代表。史先生和白小姐今天面试的申请人叫马杰，是个美国人。马杰从华盛顿大学毕业以后，就到中国来工作了。目前他在上海一家跨境电商公司工作，负责跟海外供应商的联系和沟通。一个多月前，马杰在网上看到了美国国际贸易公司的招聘信息，他立刻就申请了。马杰觉得这个职位可以让他更好地发挥自己的专业特长，也对他今后的职业发展更有利。

14 工业园区　　

今天史先生和白小姐在张红主任的陪同下，从上海飞到深圳。史强生在飞机上也没有休息。他在昨天面试的基础上，给公司人力资源部写了一封邮件，说明了他自己对这次招聘的意见。史先生认为公司派驻中国的这个职位很重要。申请人不但应该有一定的工作经验，而且需要有中英文双语能力。到目前为止，在已经面试过的几位申请人中，史强生最看好马杰。史先生要求人力资源部准备好有关资料，等他下星期返回美国以后，就会做出最后决定。史强生和白琳到达深圳以后，立刻参观了一个新的工业园区。这个园区是一年前依靠当地政府贷款和商业融资建立的，目前已经有四十多家高新技术企业和创业公司入驻。其中有半数的企业都是外资企业。园区的环境很好，交通很方便，整个园区内都可以使用免费无线网络。园区的公共配套设施也非常完备。他们还专门考察了一家成立不久的创业公司。这家公司研发的是跟新能源配套的家用电器产品。史先生认为这家创业公司的产品很有发展潜力。他打算写一份评估报告，向自己的公司提出建议，考虑跟这家中国创业公司开展合作。

15 签订合同　　TRACK 15-09

深圳是史先生和白小姐这次访问中国的最后一站。深圳的巨大变化和迅速发展给他们留下了深刻的印象。除了游览城市以外，昨天他们还参观了当地的一个工业园区，专门考察了入驻园区的一家创业公司。这家公司的研发人员有一半都是海归。他们目前的研发项目是家庭新能源技术和配套产品，并且已经申请了多项专利。史先生在考察过程中了解到，当地政府给予这家公司以很多支持，帮助他们获得优惠贷款和融资，保证了公司的正常运营。现在公司的产品很快就要正式投放市场了。史先生

부록_복습 **257**

认为这家创业公司很有潜力。他非常看好这家公司。今天上午，李信文副总经理从北京飞到深圳。中美双方将要正式签署三份文件。它们是订货合同、代理合同和长期合作意向书。双方代表在再次审核、确认文件内容以后，由李信文和史强生分别代表自己的公司在文件上签了字。最后，大家以茶代酒一起为签字仪式顺利完成而干杯。

16 饯行告别 TRACK **16-09**

史强生和白琳这次到中国的商务旅行很快就要结束了。今天上午双方正式签署了新的订货合同、东方公司代理销售美方产品的代理合同，以及两家公司的长期合作意向书。双方对这次访问和洽谈所取得的成果都非常满意，也都非常期待今后有更多这样的合作。晚上，李经理以东方公司的名义为史先生和白小姐举行了饯行晚宴。在宴会上，李先生再一次对史先生、白小姐来中国访问表示感谢；史先生也对东方公司给予他们的热情接待表示了衷心感谢。双方互相赠送了小礼物和纪念品。美方代表还借此机会，向李经理询问了中国政府最新修改的《外资企业法》。通过这次来中国访问，史强生和白琳再一次感觉到一件事。那就是在和中国人做生意的时候，建立并保持一种平等互利、互相尊重的友好关系是非常重要的。

MP3 파일 다운로드 및
실시간 재생 서비스

OK!
비즈니스 중국어 개정3판

편저 关道雄
편역 박균우
펴낸이 정규도
펴낸곳 (주)다락원

제1판 1쇄 발행 2002년 6월 5일
제2판 1쇄 발행 2008년 3월 6일
제3판 1쇄 발행 2020년 4월 8일
제3판 2쇄 발행 2022년 8월 31일

기획·편집 김혜민, 이상윤
디자인 김나경, 최영란

다락원 경기도 파주시 문발로 211
전화 (02)736-2031(내선 250~252/내선 430~431)
팩스 (02)732-2037
출판등록 1977년 9월 16일 제406-2008-000007호

정가 14,500원(MP3 파일 무료 다운로드)
ISBN 978-89-277-2274-8 13720

www.darakwon.co.kr
다락원 홈페이지를 방문하시면 상세한 출판 정보와 함께 동영상 강
좌, MP3 자료 등 다양한 어학 정보를 얻으실 수 있습니다.